Feinschliff

Wertvolle Hilfen für den „Endspurt" zum Latinum

sowie

über 30 Prüfungstexte

mit kommentierter Musterlösung

von
Christine Kaßner

unter Mitarbeit von
Rolf-Peter Kaßner

2., überarbeitete Auflage

Bibliografische Information der Deutschen Nationalbibliothek
Die Deutsche Nationalbibliothek verzeichnet diese Publikation in der Deutschen Nationalbibliografie; detaillierte bibliografische Daten sind im Internet über http://dnb.d-nb.de abrufbar.

Zum Titelbild

Das Titelbild zeigt einen Teil eines Palimpsestes, also einer antiken Manuskriptseite, die auf Grund der damaligen Kostbarkeit von Papyrus oder Pergament mehrfach benutzt wurde. Durch Schaben oder feines Schleifen reinigte man das Material, um es danach erneut beschreiben zu können. Oft blieben dabei Spuren der ursprünglichen Schrift erhalten, so auch bei dem hier als Ausschnitt abgebildeten Palimpsest, das Angelo Mai im Jahr 1819 in der Vatikanischen Bibliothek gefunden hat.
Es beinhaltet große Teile des ersten, zweiten, aber auch kleinere des dritten, vierten und fünften Buches aus Ciceros *De re publica*. Wiederverwendet wurde es für Psalmkommentare des Kirchenlehrers Augustinus.
Der hier gezeigte Ausschnitt aus *De re publica* stammt aus dem 1. Buch Kpt. 22, 36, wobei die großen Buchstaben Ciceros Text darstellen.

EAQUAEMIHI VIDENTURA^N TEFERREILLIS AUDEOQUA^M OBREMPETO AUOBISME SICAUDIATIS NEQUEUTOM NINOEXPER TEMGRECA RUMRERUM NECUTEASNO	ea quae mihi videntur anteferre illis audeo. quam ob rem peto a vobis [ut] me sic audiatis: neque ut omnino expertem Graecarum rerum, nec ut eas nostris ….

Bildquelle:

"M. Tulius Cicero, Scripta Quae Manserunt Omnia, fasc. 39: De Re Publica, kommentiert von K. Ziegler", Bibliotheca scriptorum Graecorum et Romanorum Teubneriana (Bildtafel im Anhang).

Die Verwendung der Abbildung erfolgt mit freundlicher Genehmigung des Verlages Walter de Gruyter; 2. Nachdruck der 7. Auflage von 1969, K. G. Saur München und Leipzig 2001.

Herstellung und Verlag: Books on Demand GmbH, Norderstedt.
© 2010 Christine Kaßner

Alle Rechte vorbehalten.

www.fundamentum-latinum.de

ISBN: 978-3-837037-52-4

Inhaltsverzeichnis

- Inhaltsverzeichnis 3
- Vorwort 6
- **A. Zur Wortkunde** 7
  - **I. Wortbildung** 7
    1. Substantive – von Adjektiven abgeleitet 7
    2. Adjektive – von Substantiven abgeleitet 8
    3. Adjektive – von Verben abgeleitet 9
    4. Wortbildung durch Zusammensetzung 10
    5. Substantive – vom Stamm des PPP eines Verbums abgeleitet 11
  - **II. Ähnliche Verben – leicht zu verwechseln** 12
  - **III. Ähnliche Substantive und Adjektive** 14
  - **IV. Substantivierte Adjektive** 15
  - **V. Adverbien** 15
  - **VI. Besondere Verwendung von Pronomina** 16
  - **VII. Besondere Anwendungsmöglichkeiten der Negationen** 17
  - **VIII. „Klassiker"** 18
  - **IX. Phrasen aus Ciceros Reden** 19
    1. Gericht und Prozess 19
    2. Krieg und Frieden 19
    3. Frieden und Freundschaft 19
    4. Herrschen und Gehorchen 20
    5. Reden – Beraten – Senat 20
    6. Leben und Sterben 21
    7. Neid und Streit 21
    8. Strafen und Belohnen 21
  - **X. Häufig vorkommende Vokabeln und Phrasen aus „de officiis"** 22
    1. Verben und Wendungen 22
    2. Substantive 23
    3. Adjektive 26
- **B. Hilfen zur Grammatik** 27
  - **I. Zur Kasuslehre** 27
    1. Genitiv – Auswahl wichtiger Funktionen 27
    2. Dativ – Auswahl wichtiger Funktionen 28
    3. Akkusativ – Auswahl wichtiger Funktionen 28
    4. Ablativ 29
    5. „esse" + Ergänzung – eine hilfreiche Übersicht 30
    6. Beispiele für die besondere Anwendung einiger Präpositionen 30

Inhaltsverzeichnis

- **II. Zum Satzgefüge** 31
  1. Adverbialsätze 31
  2. Komparativ-Sätze 32
  3. Versch. Anwendungsmöglichkeiten von quam, quo – eo, quod, quin und quominus ... 32
- **III. Zum Gebrauch der Tempus- und Moduswahl** 34
  1. Tempuswahl im lateinischen und im deutschen Hauptsatz 34
  2. Der Gebrauch des Konjunktivs im Lateinischen und Deutschen 34
- **IV. Zu den satzwertigen Konstruktionen** 35
  1. aci, nci & Partizipialkonstruktionen 35
  2. Gerundium und Gerundivum 36
  3. Übungen zu den satzwertigen Konstruktionen 37
- **V. „Klassiker"** 38

C. Übersetzungshilfen 41

- **I. Wichtige Schritte zur Erschließung einer lateinischen Satzperiode:** 41
- **II. Tipps zur Übersetzungstechnik** 42

D. Zum Stil 44

- **I. Stilmittel** 44
  1. Klangfiguren 44
  2. Stellungsfiguren: kunstvolle Anordnung mehrerer Wörter 45
  3. Sinnfiguren 46
  4. Tropen 46
- **II. Sprachliche und stilistische Besonderheiten bei Sallust** 47

E. Prüfungstexte 50

- **I. Texte zur schriftlichen Latinumsprüfung** 50
  1. Cicero: Reden 50
     a) pro Sex Roscio Amerino 1 - 5 50
     b) in Caecilium divinatio 1 - 3 51
     c) in Verrem II 2, 2 - 4 52
     d) de imperio Cn. Pompeius 4 - 6 53
     e) de lege agraria II 100 - 102 54
     f) pro Murena 78 - 79 55
     g) pro P. Cornelius Sulla 27 - 29 56
     h) pro Sestio 98 - 100 57
     i) de haruspicium responso 45 – 46 58
     j) pro M. Marcello 8 - 10 59
     k) pro M. Marcello 30 - 32 60
     l) Philippica IV 11 - 13 61
     m) Philippica VI 3 - 5 62
     n) Philippica XIII 7 - 8 63

	2.	Cicero: de officiis	64
	a)	de off. I 23 - 25	64
	b)	de off. I 42 - 43	65
	c)	de off. I 88 - 90	66
	d)	de off. III 46 - 48	67
	3.	Sallust	68
	a)	de coniuratione Catilinae 52	68
	b)	de bello Iugurthino 85, 13 - 22	69
II.		**Lösungen zu den Klausuraufgaben**	70
III.		**Texte zur mündlichen Latinumsprüfung**	110
	1.	Cicero	110
	a)	in Caecilium divinatio IV 11	110
	b)	in Verrem II 4, 60	111
	c)	de imperio Cn. Pompei 19/20	112
	d)	pro Murena 6	113
	e)	in Catilinam II 12	114
	f)	pro P. Sestio 137	115
	g)	pro Marcello 19	116
	h)	Philippica II 118 – 119	117
	i)	ad Atticum VII 3, 5	118
	j)	de re publica VI 13	119
	2.	Sallust	120
	a)	de coniuratione Catilinae 51	120
	b)	de bello Iugurthino 41	121
IV.		**Lösungen zu den mündlichen Prüfungsaufgaben**	122

F.		**Richtig oder falsch??**	134
I.		**Aufgabentexte**	134
	1.	Cicero, in Catilinam I 5, 11	134
	2.	Cicero, de lege agraria I 22 – 26	135
II.		**Lösungen**	136
	1.	Cicero, in Catilinam I 5, 11	136
	a)	Fehlerkennzeichnung	136
	b)	Musterübersetzung und Kommentar	137
	2.	Cicero, de lege agraria I 22 – 26	138
	a)	Fehlerkennzeichnung	138
	b)	Musterübersetzung und Kommentar	139

Vorwort zur 2. Auflage

Feinschliff wendet sich an Studentinnen und Studenten, die zur Vorbereitung auf das Latinum zwar die für die Prüfung ausreichenden Grundlagen erlernt haben, denen aber noch der nötige „Feinschliff" in Gestalt von Übersetzungsroutine, Sicherheit in der Wortkunde und in wichtigen grammatischen Phänomenen fehlt. Hier setzt ***Feinschliff*** an.

Aber auch Schüler in Grund- und Leistungskursen finden hier wertvolle Tipps, um ihre Übersetzungstechnik zu vervollkommnen.
Dieses Lehr- und Arbeitsbuch arbeitet nicht noch einmal die gesamte Grammatik auf, sondern befasst sich mit denjenigen Aspekten der Grammatik, die in der Prüfungspraxis vom Prüfling besonders häufig fehlerhaft angegangen werden, deren Beherrschung allerdings erfahrungsgemäß einen besonders guten Eindruck bei den Prüfern hinterlässt.

Feinschliff setzt zwar den Basiswortschatz voraus, bietet aber zur Wiederholung neben Hilfen zur Wortbildung besonders häufige Sprachwendungen und Phrasen sowohl aus Ciceros Reden als auch aus *De officiis*.

Ein besonderer Schwerpunkt der Latinumsvorbereitung sollte in der Simulation von Prüfungsklausuren liegen, damit sich die notwendige Routine für das Klausurenschreiben einstellt. Dem trägt ***Feinschliff*** Rechnung, indem Prüfungstexten für die schriftliche und mündliche Prüfung besonderer Umfang eingeräumt wird.
Die Klausuren sind Prüfungstexte verschiedener Bezirksregierungen Deutschlands (Schwerpunkt NRW). Der vorgegebene Zeitumfang für die Übersetzung eines Klausurtextes beträgt 180 Minuten. Bei den Klausurlösungen begnügt sich ***Feinschliff*** nicht mit der bloßen Übersetzung des Prüfungstextes, sondern bietet darüber hinaus eine ausführlich kommentierte Lösung, die sowohl eine Strukturanalyse als auch umfangreiche grammatikalische Erläuterungen des lateinischen Textes beinhaltet. Die Texte zur Vorbereitung auf die mündliche Prüfung werden daneben noch ergänzt durch Fragen zum Hintergrundwissen und zum inhaltlichen Kontext der betreffenden Textstelle.

Eine derartig komprimierte und dabei umfassende Hilfe zur gezielten Latinumsvorbereitung hat es in dieser Form bislang noch nicht gegeben. Daher sind die Autoren auch bei der zweiten Auflage für eine kritische Begleitung durch die Leser und für jeden Hinweis zur Verbesserung dankbar.
Anregungen und Kritik bitte an **feinschliff@fundamentum-latinum.de**.

Altenberge/Hamburg im August 2010

A. Zur Wortkunde

I. Wortbildung

1. Substantive – von Adjektiven abgeleitet

→ durch das Anhängen von -tas, -tudo, -ia, -itia: Bezeichnung der Eigenschaft oder des Zustandes

1. durch das Anhängen von -tas		femininum	
brevis, e	kurz	brevitas, atis f	Kürze
carus, a, um	teuer, lieb	caritas, atis f	Zuneigung, Liebe
celer, is, e	schnell	celeritas, atis f	Schnelligkeit
crudelis, e	grausam	crudelitas, atis f	Grausamkeit
cupidus, a, um	begierig	cupiditas, atis f	Begierde
difficilis, e	schwierig	difficultas, atis f	Schwierigkeit
dignus, a, um	würdig	dignitas, atis f	Würde
felix, felicis	glücklich	felicitas, atis f	Glück
humanus, a, um	menschlich, gebildet	humanitas, atis f	Menschlichkeit
pius, a, um	fromm	pietas, atis f	Ehrfurcht
potens, potentis	mächtig	potestas, atis f	Macht
sanus, a, um	gesund, vernünftig	sanitas, atis f	Gesundheit
socius, a, um	verbunden, -bündet	societas, atis f	Bündnis
utilis, e	nützlich	utilitas, atis f	Nutzen
varius, a, um	verschieden	varietas, atis f	Buntheit

2. durch das Anhängen von -tudo		femininum	
altus, a, um	hoch, tief	altitudo, inis f	Höhe, Tiefe
fortis, e	tapfer	fortitudo, inis f	Tapferkeit
latus, a, um	breit, weit	latitudo, inis f	Breite, Weite
longus, a, um	lang, weit	longitudo, inis f	Länge, Ausdehnung
magnus, a um	groß	magnitudo, inis f	Größe
necessarius, a, um	notwendig	necessitudo, inis f	Notwendigkeit
pulcher, ra, rum	schön	pulchritudo, inis f	Schönheit
similis, e	ähnlich	similitudo, inis f	Ähnlichkeit
solus, a, um	allein	solitudo, inis f	Einsamkeit

3. durch das Anhängen von -ia		femininum	
angustus, a, um	eng, beschränkt	angustiae, arum f	Enge, Engpass
benevolens, ntis	wohlwollend	benevolentia, ae f	Wohlwollen
clemens, ntis	mild	clementia, ae f	Milde
constans, ntis	standhaft	constantia, ae f	Standhaftigkeit
diligens, ntis	sorgfältig	diligentia, ae f	Sorgfalt
patiens, ntis	geduldig	patientia, ae f	Geduld
perfidus, a, um	treulos, unredlich	perfidia, ae f	Treulosigkeit
potens, ntis	mächtig	potentia, ae f	Macht, Einfluss
prudens, ntis	klug	prudentia, ae f	Klugheit

Zur Wortkunde

4. durch das Anhängen von -itia		femininum	
amicus, a, um	freundschaftlich	amicitia, ae f	Freundschaft
avarus, a, um	habgierig	avaritia, ae f	Habgier
inimicus, a, um	feindlich	inimicitia, ae f	Feindschaft
iustus, a, um	gerecht	iustitia, ae f	Gerechtigkeit
laetus, a, um	froh	laetitia, a f	Freude
notus, a, um	bekannt	notitia, ae f	Kenntnis
tristis, e	traurig	tristitia, ae f	Traurigkeit

2. Adjektive – von Substantiven abgeleitet

→ durch das Anhängen von -eus: Bezeichnung des Stoffes
→ durch das Anhängen von -ōsus: Bezeichnung der Fülle (voll von...)
→ durch das Anhängen von:
    -ius, -icus, -ānus
    -ālis, -īlis   } Bezeichnung der Zugehörigkeit
    -āris, -ēnsis

1. durch das Anhängen von -eus → Bezeichnung des Stoffes			
argentum, i n	Silber, (Silber-)Geld	argenteus, a, um	silbern
aurum, i n	Gold	aureus, a, um	golden
ferrum, i n	Eisen	ferreus, a, um	eisern, aus Eisen
lignum, i n	Holz	ligneus, a, um	hölzern, aus Holz

2. durch das Anhängen von -ōsus → Bezeichnung der Fülle			
gloria, ae f	Ruhm	gloriosus, a, um	ruhmvoll
bellum, i n	Krieg	bellicosus, a, um	kriegerisch
luxuria, ae f	Verschwendung	luxuriosus, a, um	verschwenderisch
periculum, i n	Gefahr	periculosus, a, um	gefährlich
pernicies, ei f	Verderben	perniciosus, a, um	verderblich

3. a durch das Anhängen von -ius → Bezeichnung der Zugehörigkeit			
rex, regis m	König	regius, a, um	königlich
plebs, plebis f	Volk	plebeius, a, um	plebejisch
pater, patris m	Vater	patrius, a, um	väterlich

3. b durch das Anhängen von -icus → Bezeichnung der Zugehörigkeit			
bellum, i n	Krieg	bellicus, a, um	kriegerisch
Gallia, ae f	Gallien	Gallicus, a, um	gallisch

3. c durch das Anhängen von -ānus → Bezeichnung der Zugehörigkeit			
dies, diei m	Tag	cottidianus, a, um	täglich
homo, hominis m	Mensch	humanus, a, um	menschlich
oppidum, i n	Stadt	oppidanus, a, um	städtisch
Roma, ae f	Rom	Romanus, a, um	römisch
urbs, urbis f	Stadt	urbanus, a, um	städtisch

3. d durch das Anhängen von -īnus → Bezeichnung der Zugehörigkeit			
deus, i m	Gott	divinus, a um	göttlich
mare, maris n	Meer	maritimus, a, um	am Meer gelegen
Tarentum, i n	Tarent	Tarentinus, a, um	Tarentinisch

Zur Wortkunde

3. e durch das Anhängen von -ālis → Bezeichnung der Zugehörigkeit			
fatum, i n	Schicksal	fatalis, e	verhängnisvoll
mors, mortis f	Tod	mortalis, e	sterblich
natura, ae f	Natur	naturalis, e	natürlich
3. f durch das Anhängen von -īlis → Bezeichnung der Zugehörigkeit			
civis, civis m	Bürger	civilis, e	bürgerlich
puer, pueri m	Junge, Kind	puerilis, e	kindlich
servus, i m	Sklave	servilis, e	sklavisch
vir, viri m	Mann	virilis, e	mannhaft
3. g durch das Anhängen von -āris → Bezeichnung der Zugehörigkeit			
familia, ae f	Familie, Geschlecht	familiaris, e	(zur Familie gehörend) vertraut
militia, ae f	Kriegsdienst	militaris, e	militärisch
populus, i m	Volk	popularis, e	das Volk betreffend
3. h durch das Anhängen von -ēnsis → Bezeichnung der Zugehörigkeit			
Athenae, arum f	Athen	Atheniensis, e	athenisch
Carthago, inis f	Karthago	Carthaginiensis, e	karthagisch

3. Adjektive – von Verben abgeleitet

Hinweis: Die Zahlen hinter den Verben weisen auf die jeweilige Konjugation hin:

1	→	a – Konjugation
2	→	e – Konjugation
3	→	Konsonantische Konjugation
3M	→	gemischte Konjugation
4	→	i – Konjugation
D	→	Deponens

→ durch das Anhängen von -idus: Bezeichnung des Zustandes
→ durch das Anhängen von -ax: Bezeichnung der *starken* Neigung oder des Zustandes
→ durch das Anhängen von -ilis, -bilis: Bezeichnung der Möglichkeit

1. durch das Anhängen von -idus → Bezeichnung des Zustandes			
cupere, io 3M	begehren	cupidus, a, um	begierig
rapere, io 3M	rauben, raffen	rapidus, a, um	reißend, ungestüm
splendēre, eo 2	glänzen	splendidus, a, um	glänzend
timēre, eo 2	fürchten	timidus, a, um	furchtsam
valēre, eo 2	gesund (stark) sein	validus, a, um	gesund, kräftig
2. durch das Anhängen von -ax → Bezeichnung der *starken* Neigung / des Zustandes			
audēre, eo 2	wagen	audax, acis	kühn
loqui, or 3D	sprechen	loquax, acis	redselig

Zur Wortkunde

3. a durch das Anhängen von -ilis → Bezeichnung der Möglichkeit			
facere, io 3M	machen, tun	facilis, e	leicht (ausführbar)
ferre, fero	tragen, bringen	fertilis, e	tragfähig, fruchtbar
frangere, o 3	brechen	fragilis, e	zerbrechlich
uti, utor 3D	gebrauchen	utilis, e	nützlich, tauglich

3. b durch das Anhängen von -bilis → Bezeichnung der Möglichkeit			
amare, o 1	lieben	amabilis, e	liebenswert, beliebt
credere, o 3	glauben	credibilis, e	glaubhaft
horrēre, eo 2	schaudern, s. entsetzen	horribilis, e	schauderhaft
laudare, o 1	loben	laudabilis, e	löblich, rühmlich
movēre, eo 2	bewegen	mobilis, e	beweglich
terrēre, eo 2	erschrecken	terribils, e	schrecklich

4. Wortbildung durch Zusammensetzung

Bei Adjektiven (z. T. auch bei Substantiven) bezeichnen die Vorsilben
→ **in-** und **dis-** eine **Verneinung**
→ **per-** und **prae-** eine **Verstärkung**

1. in- und dis-			
facilis, e	leicht	difficlis, e	schwierig
par, paris	gleich	dis(im)par, ris	ungleich
similis, e	ähnlich	dissimilis, e	unähnlich
aequus, a, um	gleich, gerecht	iniquus, a, um	uneben, ungünstig
certus, a, um	gewiss	incertus, a, um	ungewiss
credibilis, e	glaubhaft	incredibilis, e	unglaublich
dignus, a, um	würdig	indignus, a, um	unwürdig
felix, icis	glücklich	infelix, icis	unglücklich
iustus, a, um	gerecht	iniustus, a, um	ungerecht
mortalis, e	sterblich	immortalis, e	unsterblich
nobilis, e	bekannt, vornehm	ignobilis, e	unbekannt, niedrig
probus, a, um	rechtschaffen	improbus, a, um	schlecht, ruchlos
prudens, ntis	klug	imprudens, tis	unklug
2. per- und prae-			
clarus, a, um	berühmt	praeclarus, a, um	sehr berühmt
facilis, e	leicht	perfacilis, e	sehr leicht
magnus, a, um	groß	permagnus, a, um	sehr groß
multi, ae, a	viele	permulti, ae, a	sehr viele
pauci, ae, a	wenige	perpauci, ae, a	sehr wenige

Zur Wortkunde

5. Substantive – vom Stamm des PPP eines Verbums abgeleitet

Infinitiv (mit PPP-Form)		auf -or, oris m → tätige Person		auf -io, ionis f → Tätigkeit		auf -us, ūs m → Ergebnis		auf -um, i n → Produkt	
orare (oratus)	reden, bitten	orator, oris m	Redner	oratio, ionis f	Rede				
imperare (imperatus)	befehlen	imperator, oris m	Feldherr					imperium, i n	Befehl
vincere 3 (victus)	(be)siegen	victor, oris m	Sieger						
accusare (accusatus)	anklagen	accusator, oris m	Ankläger	accusatio, ionis f	Anklage				
defendere 3 (defensus)	verteidigen	defensor, oris m	Verteidiger	defensio, ionis f	Verteidigung				
agere 3 (actus)	tun, handeln	actor, oris m	Täter	actio, ionis f	Tätigkeit				
audire 4 (auditus)	hören	auditor, oris m	Zuhörer					auditum, i n	das Gehörte
monēre (monitus)	ermahnen	monitor, oris m	Mahner	monitio, ionis f	Ermahnung			monitum, i n	Ermahnung
prodere 3 (proditus)	verraten	proditor, oris m	Verräter	proditio, ionis f	Verrat				
munire 4 (munitus)	befestigen			munitio, ionis f	Befestigung				
contendere 3 (-tentus)	sich anstrengen			contentio, ionis f	Anstrengg.				
intendere 3 (-tentus)	auf etw. richten			intentio, ionis f	Aufmerksamkt.				
invenire 4 (inventus)	finden	inventor, oris m	Erfinder	inventio, ionis f	Erfindung				
coniurare (-iuratus)	sich verschwören			coniuratio, ionis f	Verschwrg.			coniurati, orum m pl	Verschwörer
decernere 3 (decretus)	beschließen							decretum, i n	Beschluss
instituere 3 (institutus)	einrichten			institutio, ionis f	Einrichtung			institutum, i n	Einrichtung
dicere 3 (dictus)	sprechen			dictio, ionis f	Sprache			dictum, i n	Ausspruch
respondēre 2 (responsus)	antworten							responsum, i n	Antwort
mandare (mandatus)	(be)auftragen							mandatum, i n	Auftrag
advenire 4 (adventum)	ankommen					adventus, ūs m	Ankunft		
convenire 4 (conventum)	zus.kommen					conventus, ūs m	Versammlung		
consentire 4 (-sensum)	übereinstimmen					consensus, ūs m	Übereinstmg.		
adire (aditum)	hinzugehen					aditus, ūs m	Zugang		
exire (exitum)	herausgehen					exitus, ūs m	Ausgang, Tod		
impetere 3 (impetus)	antreiben					impetus, ūs m	Angriff		
iubēre 2 (iussus)	beauftragen					iussus, ūs m	Befehl		
movēre 2 (motus)	bewegen	"Motor"				motus, ūs m	Bewegung		
expugnare (expugnatus)	erobern			promotio, ionis f	Beförderung				
				expugnatio, ionis f	Eroberung				
oppugnare (oppugnatus)	bestürmen			oppugnatio, ionis f	Bestürmg.				
offendere 3 (offensus)	beleidigen			offensio, ionis f	Beleidigung				

Zur Wortkunde

II. Ähnliche Verben – leicht zu verwechseln

accendere 3	accendo	accendi	accensus	anzünden, entflammen
ascendere 3	ascendo	ascendi	ascensus	ersteigen, besteigen
affigere 3	affigo	affixi	affixus	anheften, befestigen
affligere 3	affligo	afflixi	afflictus	niederschlagen, beschädigen
aperire 4	aperio	aperui	apertus	öffnen
operire 4	operio	operui	opertus	bedecken
appellare 1	appello	appellavi	appellatus	meinen, anreden
appellere 3	appello	appuli	appulsus	herantreiben, landen
arcēre 2	arceo	arcui	-	abwehren, fernhalten
ardēre 2	ardeo	arsi	arsus	brennen
audire 4	audio	audivi	auditus	hören
audēre 2	audeo	ausus sum	-	wagen
augēre 2	augeo	auxi	auctus	vermehren, vergrößern
cadere 3	cado	cécidi	casum	fallen
caedere 3	caedo	cecīdi	caesus	fällen, töten
cedere 3	cedo	cessi	(cessurus)	gehen, weichen
cernere 3	cerno	crevi	cretus	wahrnehmen, sehen
credere 3	credo	credidi	creditus	glauben, vertrauen
crescere 3	cresco	crevi	cretus	wachsen
consistere 3	consisto	constiti	-	sich aufstellen, haltmachen
constare 1	consto	constiti	-	bestehen, kosten
constituere 3	constituo	constitui	constitutus	festsetzen, beschließen
debēre 2	debui	debui	debitus	schulden, verdanken, müssen
decēre 2	decet	decuit	-	zieren; sich ziemen
deligere 3	deligo	delegi	delectus	auswählen
diligere 3	diligo	dilexi	dilectus	lieben
dicere 3	dico	dixi	dictus	sagen, sprechen
discere 3	disco	didici	-	lernen
favēre 2	faveo	favi	fautum	günstig sein; begünstigen
fovēre 2	foveo	fovi	fotus	wärmen, hegen
iacēre 2	iaceo	iacui	-	liegen
iacere 3M	iacio	ieci	iactus	werfen
mentiri 4D	mentior	mentitus sum	-	lügen
metiri 4D	metior	mensus sum	-	messen, zumessen
metuere 3	metuo	metui	-	fürchten
morari 1D	moror	moratus sum	-	sich aufhalten
mori 3MD	morior	mortuus sum	-	sterben
nancisci 3D	nanciscor	nactus sum	-	erlangen, bekommen
nasci 3D	nascor	natus sum	-	geboren werden
parare 1	paro	paravi	paratus	bereiten, verschaffen
parēre 2	pareo	parui	-	gehorchen
parere 3M	pario	peperi	partus	hervorbringen, gewinnen
parcere 3	parco	peperci	(temperatus)	Schonung gewähren; schonen
patēre 2	pateo	patui	-	offen stehen, offenbar sein, sich erstrecken

Zur Wortkunde

partiri 4D	partior	partitus sum	-	teilen
pati 3MD	patior	passus sum	-	leiden, dulden,
potiri 4D	potior	potitus sum	-	sich bemächtigen
pendēre 2	pendeo	pependi	-	hängen (intr.)
pendere 3	pendo	pependi	pensus	abwägen, bezahlen
placare 1	placo	placavi	placatus	besänftigen, versöhnen
placēre 2	placeo	placui	placitus	gefallen
possidēre 2	possideo	possedi	possessus	besitzen
possidere 3	possido	possedi	possessus	in Besitz nehmen, besetzen
spernere 3	sperno	sprevi	spretus	verschmähen, verachten
sternere 3	sterno	stravi	stratus	ausbreiten, hinstrecken
quaerere 3	quaero	quaesivi	quaesitus	zu erfahren suchen, erfragen
queri 3D	queror	questus sum	-	klagen, (sich) beklagen
vidēre 2	video	vidi	visus	sehen
vincere 3	vinco	vici	victus	siegen, besiegen
vincire 4	vincio	vinxi	vinctus	fesseln
vivere 3	vivo	vixi	(victurus)	leben

Aufpassen bei Verben, die scheinbar den gleichen Infinitiv haben!!!

kurzer Vokal in der Infinitivendung bei der konsonantischen / 3M-Konjugation	**langer** Vokal in der Infinitivendung bei ā-, ē- Konjugation
iácere, io, iēci, iactus — werfen *ich werfe einen Stein (das geht schnell!)*	iacēre, iáce-o, iacui - — liegen *Der Stein liegt dort (sehr lange!)*
péndere, o, pe-péndi, pēnsus — auf-hängen, bezahlen *(trans.)* *etwas an den Waagbalken hängen: →bezahlen (schnell!)*	pendēre, pénde-o, pe-péndi, -- — hängen *(intrans.)* *am Baum hängen (das dauert lange!)*
(con)sídere, o, sēdi, sessus — sich setzen *(das geht schnell!)* possídere, o, possēdi, posséssus in Besitz nehmen *(das geht schnell!)*	sedēre, sedeo, sēdi, séssum — sitzen *(das dauert lange!)* possidēre, possideo, possēdi, posséssus besitzen *(lange Zeit)*
sístere, o, stéti, --- *(m. Abl.!!)* — sich stellen	stāre, o, stéti, (státurus) — stehen *(lange!)*
in-cúmbere, o, in-cúbui, in-cúbitum sich auf etwas *(z.B. Wissenschaft)* verlegen	cubāre, o, cúbui, cúbitum — liegen *(lange!)*

Beachte auch den entscheidenden Unterschied bei folgenden Verben
(beide konsonantische Konjugation!)

kurzer Vokal → „*schnelles Ereignis*", *intransitiv*	**langer** Vokal → *lang andauernder Vorgang*, *transitiv*
cádere, o, cécidi, cāsum — fallen *(intrans.)* *(Der Baum fällt schneller, als man denkt!)*	caedere, caedo, cecīdi, caesus — fällen, niederhauen, töten *(trans.)* *(Einen Baum fällen, dauert lange!)*
occídere, óccido, óccidi, occāsum untergehen, umkommen, fallen *(z.B.: ein Soldat ist unerwartet schnell „gefallen")*	occīdere, occīdo, occīdi, occīsus niederhauen, töten *(das dauert manchmal recht lange!)*

14 Zur Wortkunde

III. Ähnliche Substantive und Adjektive

alter, era, rum	der andere	mos, moris m	Sitte
altus, a, um	hoch, tief	mores, um m pl	Sitten, Charakter
altum, i n	das (hohe) Meer	mora, ae f	Verzögerung, Aufschub
ars, artis f	Kunst	mors, mortis f	Tod
arx, arcis f	Burg		
cura, ae f	Sorge	ops, opis f	Macht, Kraft
curia, ae f	Kurie, Rathaus	opes, opum f pl	Reichtum, Streitkräfte
deus, i m	Gott	opus, eris n	Arbeit, Werk
dea, ae f	Göttin	opera, ae f	Arbeit, Mühe
dies, diei m	Tag	os, oris n	Mund, Gesicht
dies, diei f	Termin	ora, ae f	Küste
equus, i m	Pferd	par, paris	gleich
eques, equitis m	Reiter, Ritter	pars, tis f	Teil
equitatus, us m	Reiterei	parum	zu wenig
equester, ris, e (ordo)	Ritter-(Stand)	pes, pedis m	Fuß
ferus, a, um	wild	pedes, peditis m	Fußsoldat
ferrum, i n	Eisen	peditatus, us m	Fußvolk
ferreus, a, um	eisern	porta, ae f	Tür
(fero – von ferre)	(ich trage)	portus, us m	Hafen
fors, fortis f	Zufall	preces, um f pl	Bitten
forte (Adv.)	zufällig	pretium i n	Preis
fortis, e	tapfer	res, rei f	Sache, Angelegenheit
latus, a, um	breit	reus, i m	Angeklagter
latus, eris n	Seite	sol, solis m	Sonne
litus, oris n	Gestade, Strand	solum, i n	Erdboden
laetus, a, um	fröhlich	solus, a, um	allein
(latus – von ferre)	(PPP – getragen)	tot	so viele
liber, libri m	Buch	totus, a, um	ganz
liber, libera, liberum	frei	tutus, a, um	sicher
liberi, orum m	Kinder (die Freien)	via, ae f	Weg
mens, tis f	Geist, Verstand	vita, ae f	Leben
mensis, is m	Monat	vis, vim, vi f	Kraft, Gewalt
mensura, ae f	Maß	vir, viri m	Mann
immensum, i n	das Unermessliche	vires, ium f pl	Mittel, Kraft, Stärke, Streitkräfte
immensus, a, um	unermesslich	viri, orum m pl	Männer
miles, tis m	Soldat		
mille	tausend		
(mille militum)	(tausend Soldaten)		
milia	Tausende		

IV. Substantivierte Adjektive

im Neutrum Singular	
multum	viel, Vieles
verum	das Wahre, die Wahrheit
im Maskulinum Plural	
liberi	die Freien, die freien Kinder
posteri	die Nachfahren
maiores	die Vorfahren

omnes	alle
nulli	keine
nonnulli	einige
ceteri	die Übrigen
reliqui	die Restlichen
nostri	unsere Leute
sui	seine / ihre Leute
vestri	eure Leute

V. Adverbien

folgernde Adverbien	
igitur	also
itaque	daher
ergo	also
idcirco	darum
propterea	deswegen
ob eam rem	aus diesem Grund
zeitliche Adverbien	
adhuc	bis jetzt
aliquando	irgendwann
ante/antea	vorher
cottidie	täglich
deinde	dann
diu	lange
diutius	länger
denique	schließlich
iam	nun, schon, bald
iterum	wiederum
mox	bald
nondum	noch nicht
nonnumquam	manchmal
numquam	niemals
umquam	jemals
nunc	nun, jetzt
nuper	neulich
post / postea	später
paulo post	wenig später
primum	zuerst
prius	vorher, früher
postremo	zuletzt
quam primum	möglichst bald
repente	plötzlich
saepe	oft
semper	immer

simul	zugleich
subito	plötzlich
tandem	schließlich, endlich
tum	damals, dann
besondere Adverbien	
bene	gut
casu	durch Zufall
certe	sicherlich, wenigstens, gewiss
contra	dagegen
etiam	auch, sogar
fere	fast, beinahe
fortasse	vielleicht
forte	zufällig, gerade
frustra	vergeblich
haud scio, an	vielleicht
immo	im Gegenteil
ita	so
item	ebenso
libenter	gern
longe	weit, bei Weitem
magnopere	sehr
modo	1. gerade, eben 2. nur
multum	viel
ne ... quidem	nicht einmal
nihil aliud nisi	nichts anderes als, außer, nur
nimis, nimium	zu sehr
non iam	nicht mehr
non tantum	nicht nur
nullo modo	auf keinen Fall
omnino	überhaupt

16 Zur Wortkunde

paene	beinahe
palam	öffentlich
paulo	ein wenig
penitus	völlig
plane	deutlich, geradezu
potius	eher, besser
praesertim	besonders, vor allem
praeterea	außerdem
profecto	in der Tat
prope	nahezu
publice	öffentlich, von Staats wegen
quaeso	bitte
quam	1. als Ausruf: Wie? 2. mit Komparativ: als 3. mit Superlativ: möglichst
quidem	1. zwar, freilich 2. jedoch
quoque	auch

recte	mit Recht, richtig
rursus	wiederum
sane	wirklich
satis	genug
sic	so
sicut	wie
tam	so
tamen	dennoch
tamquam	gewissermaßen wie
tantopere	so sehr
valde	sehr
velut	zum Beispiel
vere	wirklich, wahrheitsgemäß
videlicet	offenbar
vix	kaum
ultra	darüber hinaus
ultro	freiwillig, von sich aus
una (cum)	zusammen (mit)

VI. Besondere Verwendung von Pronomina

alii ... alii	die einen ... , ... die anderen...
alius alium	der eine diesen, der andere jenen; gegenseitig
alii aliam in partem	die einen nach dieser, die anderen nach jener Seite
ea, quae	das, was
eius modi	von dieser Art
eo, quod	dadurch, dass; deshalb, weil
eo, ut	zu dem Zweck, dass
haec	diese Dinge, folgendes
hōc facilius	desto leichter
ipsorum lingua	ihre eigene Sprache
hoc ipso tempore	gerade zu der Zeit
ipso aspectu	schon durch den Anblick, durch den bloßen Anblick
nullo modo	auf keine Weise
plerique	die meisten
qua de causa	aus diesem Grund
quare	deshalb
quae cum ita sunt	wenn das so ist
quam ob rem	deshalb
quem ad modum	auf welche Weise
quo?	wohin?
quomodo?	wie?

quis nostrum?	wer von uns?
si quis	wenn jemand
nisi quid	(wenn nicht etwas) wenn nichts
ne qua civitas	(damit nicht irgendein Staat), damit kein Staat
num quis	ob jemand
liber quidam	ein gewisses Buch
admirabilis quaedam virtus	eine wirklich bewundernswerte Tüchtigkeit
neque quisquam	(und nicht jemand) und niemand
optimus quisque	gerade die besten, alle besten
quinto quoque anno	(in jedem 5. Jahr) alle 4 Jahre
sua	das Seine / das Ihre
sui	seine / ihre Leute
suo iure	mit vollem Recht
suo tempore	zur rechten Zeit
sine ullo timore	ohne jede Furcht

VII. Besondere Anwendungsmöglichkeiten der Negationen

Eine Verneinung wird durch eine zweite aufgehoben, eingeschränkt oder die Bejahung sogar verstärkt: Litotes	
nec non	und auch
non ... nisi nisi ... non	nur
nonnulli	einige
nihil non	alles
numquam non	immer
nonnumquam	bisweilen, manchmal
non ignoro	ich weiß genau
non possum non	ich muss unbedingt
Besondere Wendungen:	
haud	nicht
minime nequaquam	keineswegs
nondum	noch nicht
vixdum	kaum noch
non iam	nicht mehr
nihil iam	nichts mehr
nemo iam	niemand mehr
ita non, ut adeo non, ut	so wenig, dass
ne ... quidem	nicht einmal

18 Zur Wortkunde

VIII. „Klassiker"

aequo animo	mit Gleichmut
at	aber
atque, ac	und
ceteri	die Übrigen
ceterum	im übrigen
ea de causa (qua de causa)	aus diesem Grund
enim vero	allerdings
fidem habēre	Glauben schenken
forte	zufällig, vielleicht, etwa
frequens	in großer Zahl
iam vero	ferner nun
idem qui	derselbe wie
interest	es besteht ein Unterschied
invitus	gegen den Willen
iure	mit Recht
maiores	Vorfahren
mane	frühmorgens
maximam partem	größtenteils
me vivo	zu meinen Lebzeiten
mihi videor	ich glaube
mos maiorum	Sitte der Vorfahren
multos annos	viele Jahre lang
necessario	notwendigerweise
neque (nec)...neque (nec)	weder...noch
neque enim	denn nicht, doch nicht
neque vero	aber nicht
non solum (verum)...sed etiam	nicht nur...sondern auch
nullo modo	auf keine Weise
omnino	überhaupt
operam dare	sich Mühe geben
orbis terrarum	Erdkreis
partim...partim	teils...teils
patres conscripti	Senatoren
popularis	ein echter Volksfreund
Quid multa?	Was soll ich noch sagen?
Quid novi?	Was Neues?
Quirites	Quiriten, „meine römischen Mitbürger"
rationem habēre	Rücksicht nehmen
rem gerere	eine Tat vollbringen
res frumentaria	Getreideversorgung
res gestae	vollbrachte Taten, Geschichte
satis est	es ist genug
se dare	sich widmen
se habēre	sich verhalten
sua sponte	freiwillig
vero	wirklich, tatsächlich, **aber**
vir vere Romanus	ein echter Römer

IX. Phrasen aus Ciceros Reden

1. Gericht und Prozess

in crimen vocare	beschuldigen
causa publica	Kriminalprozess
diem dicere	einen Termin anberaumen
causam alicuius defendere	als Verteidiger auftreten
causam suscipere causam agere causam recipere causam dicere	einen Fall übernehmen, einen Prozess führen, als Verteidigung auftreten verteidigen
causam ad aliquem deferre	jemandem eine Sache (Verteidigung) übertragen
iudicium exercēre	einen Prozess leiten
exquirere veritatem	die Wahrheit erforschen
iudicium committere	eine gerichtliche Untersuchung anstellen
res agitur apud praetorem	die Verhandlung findet vor dem Prätor statt
in iudicium adducere / accusare	anklagen
a culpa abesse	schuldlos sein
iudicio absolvere / liberare	freisprechen
damnare/condemnare	verurteilen
iudicium facere de alquo	über jemanden ein Urteil fällen
ad mortem ducere	zur Hinrichtung abführen

2. Krieg und Frieden

bellum apparare (parare)	sich zum Kriege rüsten
bellum indicere alicui	jemandem den Krieg ankündigen
bellum gerere cum aliquo	Krieg gegen jemanden führen
bellum conficere	einen Krieg beenden
calamitatem accipere	eine Niederlage erleiden
urbem capere	eine Stadt erobern
bellandi virtus	Tapferkeit im Kampf
otium, i n	innerer Frieden (im Staat)
pax, pacis f	äußerer Frieden

3. Frieden und Freundschaft

salutem alicui afferre	jemandem Rettung bringen
deesse alicui	jemanden im Stich lassen
gratiam habēre alicui	jemandem Dank wissen, dankbar sein
gratias agere alicui	jemandem Dank sagen, dass
gratiam referre alicui	jemandem Dank abstatten
veniam alicui dare	jemandem Verzeihung gewähren

4. Herrschen und Gehorchen	
exercitui praeesse	ein Heer befehligen
exercitum alicui committere	jemandem ein Heer anvertrauen
imperium alicui mandare	jemandem den Oberbefehl übertragen
magistratu se abdicare	ein Amt niederlegen
ad rem publicam adire	sich dem Staatsdienst widmen
permittere alicui rem publicam	jemandem die Sorge für den Staat übertragen
multum valēre	großen Einfluss haben
incumbere ad salutem rei publicae	eifrig für das Wohl des Staates sorgen
in honore esse	in Ehren stehen
rerum potiri	die Herrschaft an sich reißen
omnibus gentibus imperare	alle Völker beherrschen
5. Reden – Beraten – Senat	
consilium = Plan, Rat	
celeritas consilii	schnelle Entschlusskraft
privato consilio	aus eigenem Entschluss
consilium in providendo	kluge Voraussicht
consilium capere, inire	einen Plan fassen
consilium abicere	einen Plan aufgeben
consiliis alicuius occurrere atque obsistere	jemandes Plänen mit allen Mitteln entgegenarbeiten
consilia reprimere	Pläne vereiteln
consilium alicuius recipere	jemandem die Überlegung rauben
consilio adhibēre	zur Beratung hinzuziehen
consilium = Versammlung	
consilium convocare	eine Versammlung einberufen
consilium dimittere	eine Versammlung auflösen
Senat	
senatum vocare	den Senat einberufen
senatum habēre	eine Senatssitzung abhalten
referre ad senatum	dem Senat Bericht erstatten
rem deferre ad senatum	eine Sache dem Senat mitteilen
senatum consulere	den Senat befragen
alqm. sententiam rogare	jemanden nach seiner Meinung fragen
sententiam dicere	seine Stimme abgeben
senatūs consultum ultimum	äußerster Senatsbeschluss
senatūs consultum perscribere	einen Senatsbeschluss schriftlich abfassen
sententiam alicuius sequi	sich jemandes Ansicht anschließen
Gesetz	
legem rogare	ein Gesetz beantragen
legi obtrectare	einem Gesetz (Antrag) entgegenarbeiten
legem constituere	ein Gesetz aufstellen
per leges licet	es ist gesetzlich erlaubt
legibus solutum esse	von den Gesetzen entbunden sein
leges neglegere avertere perfringere	die gesetzlichen Bestimmungen vernachlässigen, umstoßen, durchbrechen

6. Leben und Sterben

vitam alicui eripere	jemandem das Leben nehmen
mortem oppetere	dem (gewaltsamen) Tode entgegengehen
mortis periculo se committere	sich einer Todesgefahr aussetzen
ab ineunte aetate	vom Eintritt in das bürgerliche Leben an
vitā privare aliquem	jemandem das Leben rauben
e vitā decedere	sterben
e vitā migrare	sterben
mortem obire	sterben

7. Neid und Streit

in odio esse apud aliquem	von jemandem gehasst werden
vim alicui afferre	jemandem Gewalt antun
novis rebus studēre	auf Neuerungen sinnen
aliquem concitare	jemanden aufhetzen
a pernicie rei publicae aliquem repellere	jemanden an der Vernichtung des Staates hindern
arma ferre contra rem publicam	den Staat angreifen
inimicitias suscipere	Feindschaften auf sich nehmen

8. Strafen und Belohnen

in iudicium adducere aliquem	jemanden vor Gericht bringen
in summa severitate servari	die größte Strenge anwenden
poenam sufferre	Strafe erleiden
supplicio afficere aliquem	jemanden hinrichten
in vincula ducere aliquem	jemanden ins Gefängnis werfen
in custodiam se dare	sich freiwillig in Haft begeben
laudem alicui tribuere	jemandem Lob zollen
laudibus tollere	jemanden mit Lobsprüchen hervorheben
fructum virtutis capere	den Lohn seiner Tätigkeit ernten

Unterscheide:

potestas, atis f	Amtsgewalt eines Magistrats: eine durch Kollegialität, Annuität und spezifischen Aufgabenbereich eingeschränkte Macht
auctoritas, atis f	Einfluss auf Grund von Erfahrung und Ansehen; die Macht beruht auf freiwilliger Anerkennung
imperium, i n	Macht der Konsuln und Prätoren (bzw. Prokonsuln und Proprätoren); *innerhalb Roms:* eingeschränkt durch Berufungsmöglichkeit der Volksversammlung (Vetorecht der Volkstribunen) *außerhalb Roms:* uneingeschränkte Macht
mos maiorum	Anerkennung staatlicher, religiöser, rechtlicher und privater Einrichtungen der Vorfahren

Zur Wortkunde

X. Häufig vorkommende Vokabeln und Phrasen aus „de officiis"

1. Verben und Wendungen	
accomodare	anpassen
addiscere	hinzulernen
a ratione discedere	alle Berechnung aufgeben
a re publica recedere	sich aus der Politik zurückziehen
abicere	aufgeben
abundare aliqua re	an etwas Überfluss haben
ad beate vivendum	für ein glückliches Leben
ad otium perfugere	zur Muße die Zuflucht nehmen
ad rem (publicam) gerendam accedere	sich politisch betätigen
adhibendum est	man muss anwenden
administrare	verwalten
adulari *(mit Akk.)*	jemandem schmeicheln
aggredi ad	mit etwas beginnen
aliquid exsistit	etwas stellt sich heraus als
appellare	ansprechen, zur Rede stellen
bellum suscipere	einen Krieg unternehmen
castigare	züchtigen
cavendum est, nē	man muss sich hüten, dass
comprehendere	begreifen
concedendum est	man muss zugestehen
conciliare (liberalitate benevolentiam plebis conciliare)	verbinden, für sich gewinnen (durch Freigiebigkeit die Zuneigung des Volkes gewinnen)
concitare	erregen, hervorrufen
consectari	nach etwas trachten
considerare	überlegen, betrachten
continēre	zusammenhalten, verbinden
contingit in	es trifft zu auf
contrahere cum aliquo	mit jemandem zu tun haben
convenire	übereinstimmen, passen
decertare	um die Entscheidung kämpfen
decet	es gehört sich
definire	bestimmen, definieren
deliberare	abwägen
desperare	die Hoffnung aufgeben
despicere	verachten, geringschätzen
disceptare	das Für und Wider einer Sache abwägen
discribere	aufteilen, ordnen
disputare (disserere)	erörtern, untersuchen, abhandeln
dissidēre a	abweichen von
dubitare	zweifeln, fragen
excellere sapientiā	sich durch Weisheit auszeichnen
ex eo evenit, ut	daraus entsteht, daher kommt es, dass
expetere gloriam	nach Ruhm streben

explicare	entwickeln, darlegen
exquirere (in exquirendo officio)	nach etwas forschen, suchen (bei der Frage nach der Pflicht)
existere	auftreten, entstehen
exultare	sich freuen, übermütig sein
fallere	täuschen
ferire	treffen, schlagen
in agris vivere	auf den Gütern leben
in vitio esse	schuldig sein
irasci	zürnen
irridēre	verlachen
laudi dare alicui	zum Lob anrechnen (loben)
manūs afferre alicui	die Hand anlegen an jemanden
nocendi causa	um zu schaden
obsistere	Widerstand leisten
optandum est	man muss wünschen
patefacere (Pass. patefieri)	öffnen
propulsare	abwehren
punire	strafen
rebus agitatis	in unruhigen Zeiten
referre ad	sich beziehen auf
rei publicae praeesse	dem Staat vorstehen, den Staat leiten
rei publicae se tradere	sich dem Staatsdienst widmen
rem publicam capessere	die politische Laufbahn einschlagen
rem publicam gerere	den Staat führen
repudire	ablehnen
repugnare	widerstreben
se dare alicui re	sich irgendeiner Sache hingeben
se removēre	sich zurückziehen
spectare ad	trachten nach
tranquillitatem expetere	Ruhe erstreben
vacare iustitiā *(Abl. sep.)*	ohne Gerechtigkeit sein
vitio dare alicui	zum Fehler anrechnen (tadeln)
patēre	(offen stehen) Bedeutung haben
late, latius, latissime patēre	große, weite, sehr große Bedeutung haben

2. *Substantive*	
actio vitae	praktische Lebensweise
ad usum	zum Nutzen
aequabilitas, atis f	Gleichmut, Gelassenheit
aequitas, atis f	Gerechtigkeit
aegritudo animi	seelisches Leiden
agitatio mentis	geistige Tätigkeit
animadversio, ionis f	Aufmerksamkeit, Tadel
animus, i m	Gesinnung
altitudo animi	Erhabenheit
appetitus, us m (appetitio, ionis f)	Trieb, Verlangen
arrogantia, ae f	Anmaßung

ars, artis f	Kunst, Kenntnis
assentator, oris m	Schmeichler
auctoritas, atis f	Ansehen, Geltung
avaritia, ae f	Habgier
audacia, ae f	Verwegenheit
beneficentia, ae f	Hilfsbereitschaft
benevolentia, ae f	Wohlwollen, Zuneigung
benignitas, atis f	Güte, Hilfsbereitschaft
bonitas, atis f	Ehrenhaftigkeit
bellum civile	Bürgerkrieg
castigatio, ionis f	Züchtigung
causa gravis	ein triftiger Grund
clementia, ae f	Milde
coetus, ūs m	Zusammenkunft
cognitio, ionis f	Erkenntnis, Forschung
commodum, i n	Vorteil
communes utilitates	gemeinsamer Nutzen
communitas vitae	Lebensgemeinschaft
consilium, i n	Einsicht, Plan, Überlegung
constantia, ae f	Standvermögen, Charakterfestigkeit
continentia, ae f	Enthaltsamkeit, Selbstbeherrschung
convenientia naturae	Übereinstimmung mit der Natur
contumelia, ae f	Beleidigung
crimen, inis n	Beschuldigung
cultus, ūs m	Kultur
cupiditas, atis f	Leidenschaft, Begierde, Trieb
deliberatio, ionis f	Erörterung
despicientia, ae f	Geringschätzung
disceptatio, ionis f	Verhandlung
disciplina, ae f	Lehre, Schule
discordia, ae f	Zwietracht
disputatio ionis f	wissenschaftliche Unterredung
doctrina, ae f	Wissenschaft, Bildung
excellentia, ae f	Überragen, Vorzüglichkeit
facultas efficiendi	Fähigkeit sich durchzusetzen
facultas, atis f	Möglichkeit, Gelegenheit, Pl.: Mittel, Hilfsquellen
fastidium i n	Überheblichkeit
finis, is m	Bestimmung, Definition, Zweck
formositas, atis f	Schönheit
frons, frontis f	Stirn, Miene
gravitas, atis f	Würde
honestas, atis f	Würde, Anstand
honestum, i n	das sittlich Gute
ignavia, ae f	Feigheit, Untüchtigkeit
imbecillitas, atis f	Schwäche
imperium, i n	Befehlsgewalt
impetus, ūs m (impulsus)	Angriff, Trieb
ingenium, i n	Begabung, geistige Veranlagung
iniustitia, ae f	Ungerechtigkeit

inquisitio, ionis f	Untersuchung
institutio, ionis f	Lehre
investigatio, ionis f	Erforschung
iracundia, ae f	Jähzorn
levitas, atis f	Leichtigkeit, Charakterlosigkeit
liberalitas, atis f	Großzügigkeit, Freigebigkeit
magistratus, ūs m	Amt
magnanimitas, atis f	Hochherzigkeit, Seelengröße
magnificentia, ae f	Großmut
magnitudo animi	Seelengröße
magnus animus	ein großer Geist
mansuetudo, inis f	Zurückhaltung
mediocritas, atis f	Mittelweg, Mittelmaß, Mäßigung
moderatio, ionis f	Mäßigung, Selbstbeherrschung
modestia, ae f	maßvolles Verhalten, Bescheidenheit
motus animorum	Aufregung(en)
multitudo, inis f	Masse, Menge
mutatio, ionis f	Veränderung
necessitas vitae	Lebensbedürfnisse
neglegentia, ae f	Nachlässigkeit
negotium, i n	Geschäft, Tätigkeit
officium, i n	angemessene Handlung, Pflicht
opera, ae f	Mühe, Hilfe, Dienstleistung
opes, um f pl	Reichtum, Vermögen
opinio, ionis f	Meinung, Vermutung
ops, opis f	Macht, Vermögen, Hilfe
ortus, ūs m	Geburt, Leben, Dasein
os, oris n	(Mund) Gesicht
peccatum, i n	Fehler, Sünde
perturbatio, ionis f	Verwirrung, Leidenschaft
pigritia, ae f	Faulheit
placabilitas, atis f	Gefälligkeit
praeceptum, i n	Vorschrift
praeparatio, ionis f	Vorbereitung
principatus, ūs m	Führungsposition
probabile, is n	das Wahrscheinliche
procuratio, ionis f	Verwaltung
proprium est	es ist das charakteristische Merkmal
quaestio, ions f	Untersuchung
ratio, ionis f	Berechnung, Rücksicht, Beweggrund, Methode, Erkenntnisvermögen
rei publicae causā	um des Staates willen
res adversae f pl	Unglück
res bellicae f pl	Leistungen im Krieg
res familiaris f	Vermögen
res humanae f pl	menschliche Belange
res prosperae f pl	Glück
res urbanae f pl	Leistungen im Frieden
sapientia, ae f	Weisheit
securitas, atis f	(Sorglosigkeit) Gemütsruhe

seditio, ionis f	Aufruhr
sensus, ūs m	Sinneseindruck
severitas, atis f	Strenge
sine dubio	zweifellos
superbia, ae f	Stolz
talis nulla causa	kein solcher Grund
temeritas, atis f	Unbesonnenheit
temperantia, ae f (moderatio)	Mäßigung, Selbstbeherrschung
tranquillitas animi	Ausgeglichenheit
turpitudo, inis f (turpe, is n)	Unsittlichkeit
tutela, ae f	Schutz
usus, ūs m	auch: Bedürfnisse
utilitas, atis f	Nutzen, Nützlichkeit
vacuitas ab angoribus	Freisein von Ängsten, Furchtlosigkeit
valetudo, inis f	Gesundheit
veritas, atis f	Wahrheit
victus, ūs m (victus atque cultus)	Lebensunterhalt (Lebensweise und Lebensstil)
vis rationis	Denkvermögen
voluntas, atis f	Wille
voluptas, atis f	Vergnügen
vultus, ūs m	Gesichtsausdruck, Miene

3. Adjektive	
accomodatus, a, um	angemessen
admirabilis, e	bewundernswert
constans, ntis	charakterfest
cupidus bellorum gerendorum	begierig, Kriege zu führen
diligens, ntis	sorgfältig
gravis, e	ernst
honestus, a, um	sittlich gut
immanis, e	ungeheuer, riesig
incommodus, a, um	unzweckmäßig
inconsideratus, a, um	unüberlegt, unbesonnen
liberalis, e	großzügig, freigebig
magnanimus, a, um	hochherzig, großmütig, mutig
optabilis, e	wünschenswert
posterior, ius	später
probabilis, e	annehmbar, wahrscheinlich
praestans, atis	vorzüglich, ausgezeichnet
prosperus, a, um	günstig
severus, a, um	streng
superior, ius	früher
utilis, e	nützlich

B. Hilfen zur Grammatik

In den folgenden Kapiteln wird nicht die gesamte Grammatik wiederholt, sondern es werden die Phänomene und Aspekte der Grammatik aufgegriffen und vertieft, die erfahrungsgemäß immer wieder zu Fehlerquellen geworden sind und in mündlichen Prüfungen besonders gerne abgefragt werden. Die Kenntnis der Grammatik – besonders der hier in knapper, aber anschaulicher Form gebrachten Beispiele – ist eine große Hilfe bei der Satzerschließung.

I. Zur Kasuslehre

1. Genitiv – Auswahl wichtiger Funktionen

Der Genitiv gibt den Bereich an, auf den ein Nomen, Adjektiv oder Verbum sich erstreckt.

1. Der Genitiv bei Substantiven als **Attribut:**   *Frage: Wessen?*

1.1 Gen. subiectivus *gibt die handelnde Person bei Tätigkeiten / Empfindungen an:*	**1.2 Gen. obiectivus** *gibt die Person / Sache an, auf die die Tätigkeit / Empfindung gerichtet ist:*
amor patris (= pater amat) Liebe **des** Vaters [= Vater (= Subj.) liebt ...]	amor patris (= patrem amat) Liebe **zum** Vater = [Sohn liebt **den** Vaters.(Obj.)] metus hostium Furcht **vor** den Feinden [Er fürchtet die Feinde]
(im Deutschen meist ebenfalls Genitiv-Attribut!!)	(im Deutschen meist präpositionaler Ausdruck !)

Tipp:	*Diese Ausdrücke „beinhalten" immer eine verbale Information. Forme sie zu einem Satz um und entscheide, welche Funktion das Genitiv-Attribut nun hat: (Subjekt oder Objekt ?)*

1.3 Gen. possessivus   *gibt den Besitzer an*

domus poetae (est)   Das Haus ist [Eigentum] des Dichters   =   Das Haus gehört dem Dichter

!! *Fehlt bei esse das Substantiv zum Gen.Attribut, ergänze ein Signalwort* { **signum** oder **officium** } !!

Est **(signum)** humanitatis vestrae   Es ist ein **Zeichen** eurer Bildung = es zeigt eure Bildung
imperatoris est = **officium** imperatoris est   Es ist **Pflicht/Aufgabe** des Feldherrn

1.4 Gen. partitivus *bezeichnet das Ganze;   sein Beziehungswort einen Teil davon.*
(Oft gebraucht bei Mengenangaben.)

magna pars sociorum ein großer Teil der Verbündeten	nemo nostrum (Gen.Pl. von nōs) niemand von uns
tantum iniuriae soviel (an) Unrecht	nihil / multum mali nichts / viel Böses = an Bösem

2. Der Genitiv bei **Adjektiven:**

*Der Genitiv steht als **Objekt** bei folgenden Adjektiven (und deren Gegenteil):*	*begierig, kundig, eingedenk, teilhaftig, mächtig, voll*	cupidus, perītus, mémor, particeps, potēns, plēnus

*Auch einige Partizipien werden, wenn sie als dauernde Eigenschaft diesen Adjektiven in ihrer Bedeutung entsprechen, mit dem **Genitivus obiectivus** gebraucht:*

amāns patriae vaterlandsliebend *fugiēns labōris* arbeitsscheu .	*patiens frigoris* abgehärtet gegen Kälte *neglegens officii* pflichtvergessen

28 Hilfen zur Grammatik

2. Dativ – Auswahl wichtiger Funktionen

1. Dat.commodi *Wem zum Nutzen oder Vorteil / Nachteil?*
2. Dat.finalis *zu welchem Zweck / Absicht?*
→ 1 + 2 „doppelter Dativ":

Caesar	militibus	auxilio	venit	*Caesar kam seinen Soldaten zu Hilfe.*
	Wem zum Nutzen?	zu welchem Zweck?		
	Dat. comm.	Dat. finalis		
Virtutes	hominibus	gloriae	sunt.	*Die Tugenden (gereichen den Menschen zu Ruhm)*
				= bringen den Menschen Ruhm.

3. Beachte den unterschiedlichen Gebrauch folgender Verben im Lateinischen und Deutschen:

Latein: intrans. m. Dat.-Obj.	Hilfsübersetzung. mit Dativ	Deutsch: transitiv mit Akkusativ-Objekt	Beispiele Latein: intrans. *mit Dativ-Obj.*
párcere, o 3	jmdm Schonung gewähren	schonen	Caesar hostibus parcebat.
invidēre, eo 2	jmdm neidisch zusehen	beneiden	Senatoribus non invideo.
persuadēre, eo 2 → ut / aci	(erfolgreich) raten / schmackhaft machen	überreden (Wunsch) / überzeugen (Tatsache)	Amico persuadeo, **ut veniat.** / Amico persuadeo **caedem crimen esse.** (aci)
favēre, -eo 2	günstig gesinnt sein	begünstigen	Dei hostibus favent.
studēre, -eo 2	sich jmdm widmen	sich bemühen um	Germani sacrificiis non student.

4. Beachte die Bedeutungsänderung einiger trans. Verben bei Verwendung mit Dativ-Obj.:

	Konjugation	mit **Dat.-Obj.:** (*Dativus commodi*)	mit **Akk.-Obj.:**
consúlere, o	3	sorgen für	um Rat fragen
providēre, eo	2	sorgen für	vorhersehen
prospícere, io	3M		
timēre, eo	2	fürchten für, sich Sorgen machen um	jemanden fürchten
metúere, o	3		

3. Akkusativ – Auswahl wichtiger Funktionen

1. Merke: *Der unterschiedliche Gebrauch folgender Verben im Lateinischen und Deutschen:*

Latein: **transitiv:** mit **Akk.-Obj.**	im Deutschen Hilfsübersetzung mit **Akkusativ**	Dt.: **intrans.** mit Dat.-Obj oder: präpos.Ausdruck	im Lateinischen: **transitiv**	im Dt.: **intransitiv**
(ad)iuvāre, (ad)iuvo 1	unterstützen	helfen	amic**os** adiuvo *ich unterstütze die Freunde*	*ich helfe* **den** *Freunden*
(ef)fúgere -io 3M	(meiden)	fliehen vor, entkommen	calamitat**em** effugere *ein**em** Unglück entkommen*	
deficere –io 3M	verlassen	ausgehen, schwinden	vires **me** deficiunt *die Kräfte schwinden **mir***	
ulcisci 3D (iniuriam) (inimicum)	rächen bestrafen	Rache nehmen an / für	ulcisci amicum *den Freund rächen* / ulcisci iniuriam *Rache nehmen **für** Unrecht* / ulcisci inimicum *sich **am** Gegner rächen*	
sequi, or, secutus sum 3D	verfolgen, erreichen	folgen	vir**um** secutus est *Er ist **dem** Manne gefolgt*	
cavēre, eo 2	(meiden)	sich hüten vor	Cave canem! *Hüte dich **vor dem** Hunde!*	

2. Doppelter Akkusativ: *zum Akk.-Obj. zweiter Akkusativ als Prädikativum (KNG) nach folg. Verben:*

haben, halten für, erkennen, wählen, machen zu, ernennen, nennen und erklären, auch: sich zeigen, sich bewähren	dare, sumere, habere, iudicare, creare, deligere, eligere, declarare, dicere, facere, reddere, existimare, ducere, putare, se praebēre, se (fort**em**) praestare	geben, nehmen, haben als, erklären, wählen zu, ernennen, ausrufen, erklären, machen zu, halten für, (Pass.: gelten als) sich (tapfer) zeigen

Hilfen zur Grammatik

4. Ablativ

1. Instrumentalis *womit / wodurch?*

1.1 abl instrumentalis
im Lat. ohne Präposition! womit / wodurch?

gladio necare	**mit** dem Schwert kämpfen
memoriā tenēre	(mit) **im** Gedächtnis behalten

Einige Deponentien verlangen den abl. instr.:
uti, fungi, frui, niti, potiri
4 Adjektive fordern den abl. instr.:
dignus, contentus, fretus, confisus

1.2 abl. sociativus *(Begleitung)*
im Lat. mit **cum** *womit zusammen?*

cum amicis colloqui	zus. mit den Freunden reden
magno cum gaudio	(mit) unter großer Freude

1.3 abl. modi *wie? (Art und Weise)*

eo modo	auf diese Weise	vi	mit Gewalt
iure	mit Recht	eo animo	in d. Absicht

1.4 abl. causae *warum? (Grund)*

amore permotus / incensus	aus Liebe		
iussu	auf Befehl	mea sponte	freiwillig

1.5 abl. mensurae *um wieviel? (Maß)*

paulo post	(um ein wenig später), bald darauf
multo longior	viel länger

1.6 abl. qualitatis *wie? welche Eigenschaft?*

Cicero erat magnā virtute.
Cicero war von großer (=besaß große) Tugend.

1.7 abl. pretii *für welchen Preis?*

magno (pretio) émere
für einen hohen Preis kaufen
domum minimo véndere
ein Haus spottbillig verkaufen

2. Separativus *wovon? woher?*

2.1. abl. separativus *wovon?*
bei Verben: befreien von; jmdn. einer Sache berauben

vinō abstinēre	sich des Weines enthalten
libertate privare	der Freiheit berauben
pecuniā carēre	kein Geld haben
periculō liberāre	von der Gefahr befreien

woher? (örtl. Ausgangspunkt)

senatū movēre	aus dem Senat stoßen
Romā, Carthagine, Athenīs ……	aus …….

2.2 abl originis *woher (abstammend)?*

nobili genere natus / ortus *aus vornehmem Geschlecht*

2.3 abl. comparationis *(Vergleich)*
(von wo aus gesehen?)
steht statt **quam** nach einem Komparaitiv

virtus melior est auro *Tugend ist besser als Gold*
omnium opinione celerius
*schneller als die Meinung aller;
wider Erwarten schnell*

2.4 abl. limitationis *(des Bereichs)*
(von wo aus gesehen?) in welcher Hinsicht?

maior /minor natu (größer hinsichtlich der Geburt)
älter / jünger
aequales fortitudine superare
die Altersgenossen an Tapferkeit übertreffen

3. Locativus *wo?/ wann?*

3.1 abl. loci *wo? (des Ortes)*

Präposition: **in, pro, sub**
in Galliā (Ländername *mit* Präpos.) in Gallien
aber: **Carthagine, Athenīs**... in Carthago, in Athen
(Städtenamen: *ohne* Präposition)

terrā marīque — zu Wasser und zu Lande

totā urbe — in der ganzen Stadt ⎫ bei **totus** und
hōc loco — an dieser Stelle ⎬ **locus**
 ⎭ *keine Präposition*

3.2 abl. temporis *wann? (der Zeit)*

vere, aestate, hieme	im Frühling, Sommer, Winter
patrum memoriā	zur Zeit unserer Vorfahren
brevī tempore	in kurzer Zeit
suō annō	in seinem frühestmöglichen Jahr, Mindestalter

Hilfen zur Grammatik

5. „esse" + Ergänzung – eine hilfreiche Übersicht

I. „esse" als Hilfsverb (Kopula)	
1. a) Prädikatsnomen im Nominativ: Substantiv oder Adjektiv	
Cicero **orator** est.	Cicero ist ein Redner.
Cicero **praeclarus** est.	Cicero ist berühmt.
b) Prädikatsnomen im Akkusativ beim aci	
Ciceronem **oratorem** esse scimus.	Wir wissen, dass Cicero ein Redner ist.
Ciceronem **praeclarum** esse scimus.	Wir wissen, dass Cicero berühmt ist.
2. a) Genitivus qualitatis	
Cicero consul **magnae eloquentiae** erat.	Cicero war ein Konsul von großer Beredsamkeit.
b) Ablativus qualitatis	
Cicero consul **magna eloquentia** erat.	Cicero war ein Konsul von großer Beredsamkeit.
3. a) Genitivus possessivus (der Nachdruck liegt auf der Person)	
Villa **patris** est.	Das Haus gehört dem Vater.
b) Dativus possessivus (der Nachdruck liegt auf der Sache)	
Villa **patri** est.	Der Vater besitzt ein Haus.
4. Genitivus possessivus: Pflicht oder Eigenart	
civium est	es ist Sache (Pflicht, Aufgabe) der Bürger
prudentiae est	es ist ein Zeichen von Klugheit
5. Dativus finalis + Dativus commodi → Doppelter Dativ	
Cicero **Catilinae odio** erat.	*Cicero gereichte dem Catilina zum Hass.* Cicero war dem Catilina verhasst.

II. „esse" als Vollverb		
in + Ablativus locativus		
a) reiner Locativus:	Neapolis **in Italia** est.	Neapel liegt in Italien.
b) gibt den Besitzer einer Eigenschaft an:	**In Caesare** magna clementia erat.	Caesar besaß (in C. war) große Milde.

6. Beispiele für die besondere Anwendung einiger Präpositionen

a pueritia	von Kindheit an
ad unum omnes	alle bis auf den letzten Mann
ad tempus	rechtzeitig
de improviso	unversehens
de integro	von neuem
ex eo tempore	seit dieser Zeit
ex contrario	im Gegenteil
ex senatūs consulto	auf Senatsbeschluss
in his	unter diesen
in tempore	im richtigen Augenblick
in posterum annum	für das nächste Jahr *(Richtung)*
mirum in modum	auf wunderbare Weise
in Catilinam	gegen Catilina
per me	meinetwegen
per se	an sich
prae se ferre	zur Schau tragen
prae omnibus unus	mehr als alle

Hilfen zur Grammatik 31

II. Zum Satzgefüge
1. Adverbialsätze
Adverbialsätze geben als Nebensätze den Begleitumstand der Handlung / des Geschehens des Hauptsatzes an:

Art des Nebensatzes ("Sinnrichtung")	cum			andere Subjunktionen		Relativ-Sätze im **Konjunktiv**
	beim Indikativ	beim Konjunktiv		beim Indikativ	beim Konjunktiv	
temporal *(Zeit)*	cum *(damals), als* *(cum temporale)* cum *jedesmal, wenn* *(cum iterativum)* Vix....cum *kaum...als* *(cum inversivum)* cum primum *(Ind.Perf.) sobald*	*gleichzeitig:* cum *während* *vorzeitig:* cum *als, nachdem* *(cum historicum)*		antequam *bevor* postquam *nachdem* dum *während* (Ind. Präs.(!)) ut (primum) = cum (primum) *sobald* simul-ac simul-atque		*Nebensinn!!!* qui = **cum** is amicum, qui **abesset**, non vidit. *...weil er (dieser) nicht da war.* qui = **cum** is amicum, qui **adesset**, (tamen) non vidit *... obwohl er (dieser) da war.*
kausal *(Grund)*		cum *da, weil* *(cum causale)*		quod, quia *weil*		
konzessiv *(unwirksamer Gegengrund)*		cum *obwohl, obgleich* *(cum concessivum)*		quamquam etsi *obwohl* tametsi	ut *wenn auch*	
adversativ *(Gegenteil)*		cum *während* *(cum adversativum)*				
modal *(Art und Weise)*	cum *indem; dadurch, dass* *(cum coincidens)*	cum *indem* *(cum modale)*				
konditional *(Bedingung)*				si *wenn* nisi *wenn nicht*		
final *(Absicht)*					ut (verneint: ne) *dass, damit* quo + Komp. *damit um so* = ut eo (abl.mens.)	qui = **ut** is legatum misit, qui nuntiaret *..., der melden* **solle**.
konsekutiv *(Folge)*					ut (verneint: ut non) *(so) dass*	qui = **ut** is Sunt (tales), qui dicant *Es gibt Leute, (die so sind, dass sie) die sagen*
komparativ *(Vergleich)*				ita..., ut *so..., wie* tam..., quam *so..., wie*		

*gleichwertig mit **Part.conj.** oder **Abl. abs.** mit prädikativ gebrauchtem Partizip*

Hilfen zur Grammatik

2. Komparativ-Sätze

„idem – atque"	derselbe - wie
Imperator **idem** fecit **atque** miles.	*Der Feldherr hat **dasselbe** getan **wie** der Soldat.*
Miles **non aliter** egit **atque** imperator.	*Der S. hat **nicht anders** gehandelt **als** der Feldherr.*

3. Verschiedene Anwendungsmöglichkeiten von „quam", „quo – eo", „quod", „quin" und „quominus"

a) „quam"

aa) als Akkusativ Singular Femininum des Relativ-Pronomens

Libertas, quam cives amiserant, a Cicerone restituta est.
Die Freiheit, die die Bürger verloren hatten, wurde von Cicero wieder hergestellt.

bb) beim Komparativ

Nemo **maiora** scelera commisit **quam** Catilina.
*Niemand hat **größere** Verbrechen begangen **als** Catilina.*

cc) als Ausruf

Quam pulchrum!   *Wie schön!*

dd) vor Superlativen

Caesar **quam plurimis** navibus in Britanniam navigavit.
*Cäsar segelte mit **möglicht vielen** Schiffen nach Britannien.*

b)

"quo"	"eo"
aa) Ablativ Singular des Relativ- oder Fragepronomens	Ablativ Singular des Pronomens „is"
Quo consilio id fecisti? *In **welcher** Absicht hast du das getan?*	**Eo** consilio id feci. *In **dieser** Absicht habe ich das getan.*
bb) Ortsadverb: wohin?	Ortsadverb: **dorthin**
Quo vadis? *Wohin gehst du?*	**Eo** vado. ***Dorthin** gehe ich.*
cc) vor Komparativen: je	vor Komparativen: **desto**
Homo **quo** plura habet, **eo** plura cupit. *Je mehr der Mensch hat, desto mehr wünscht er sich.*	
dd) vor Komparativen: quo = ut eo: damit umso	
Curre, **quo** prius advenias! *Lauf, **damit** du **umso** früher ankommst.*	
ee) quo – ut eo: damit dadurch	
Haedui obsides dant, **quo** pax fiat. *Die Häduer stellen Geisel, **damit dadurch** Frieden geschlossen wird.*	

c) "quod"

aa) als Neutrum des Relativ-Pronomens

Consilium, **quod** Catilina cepit, periculosum erat.
*Der Plan, **den** Catilina gefasst hat, war gefährlich.*

bb) mit Indikativ: kausales quod - weil

Marius nobiles contempsit, **quod** superbia aetatem egērunt.
*Marius verachtete die Adeligen, **weil** sie in Hochmut ihr Leben verbrachten.*

Hilfen zur Grammatik

cc) mit Indikativ: faktisches quod – die Tatsache, dass; der Umstand, dass
Es leitet einen Nebensatz ein, der eine Tatsache enthält.

Bene accidit, **quod** heri advenisti.
Es (der Umstand, die Tatsache) trifft sich gut, dass du gestern angekommen bist.

dd) mit Konjunktiv: est, quod   es besteht Grund, dass
                     habeo, quod   ich habe Grund, dass

Non est, **quod** urbem relinquatis.
Es besteht kein Grund, dass ihr die Stadt verlasst.
Habeo, **quod** te timeam.
*Ich habe Grund, dich zu fürchten (**dass** ich dich fürchte).*

d) "quin"

aa) in Fragesätzen: warum nicht?

Quin respondes? *Warum antwortest du nicht?*

bb) als Konjunktion: quin etiam – ja sogar

Quin etiam Catilina in senatum venit. *Ja sogar kommt Catilina in den Senat*

cc) beim Konjunktiv: quin = qui (quae, quod) non - welcher nicht
(konsekutivischer Relativsatz)

Nulla fuit civitas, **quin** (quae non) Caesari non pareret.
*Keinen Staat gab es **(von der Art), dass** er Caesar nicht gehorcht hätte.*
----------, *der C. nicht .....*

dd) beim Konjunktiv: quin = ut non (Konsekutivsatz) - dass nicht, ohne dass

Fieri non potest, **quin** imperator captivis parcat.
*Es kann nicht geschehen, **dass** der Feldherr die Gefangenen **nicht** schont.*
(Der Feldherr muss die Gefangenen unbedingt schonen.)
Numquam ad te venio, **quin** doctior ab te abeam.
*Nie komme ich zu dir, **dass** ich **nicht** klüger wieder von dir gehe (ohne dass ich...).*

ee) beim Konjunktiv nach verneinten Ausdrücken des Zweifelns und Hinderns: „dass"

Non dubito, **quin** reus nocens sit. *Ich zweifele nicht, dass der Angeklagte schuldig ist.*
Nemo Pompeium **deterrere** potuit, **quin** triumphum posceret.
*Niemand konnte den Pompeius daran **hindern, dass** er einen Triumph forderte (einen Triumph zu fordern).*

e) "quominus"

quominus = ut eo minus = damit umso weniger

nach Verben des Hinderns, Widersetzens und Sich-Weigerns leitet *quominus*
einen abhängigen Begehrssatz ein: „dass" oder **Infinitiv mit „zu"**

Quis me **impediat, quominus** Roscium defendam?
*Wer könnte mich daran **hindern, dass** ich den Roscius verteidige (den R. zu verteidigen)?*

Hilfen zur Grammatik

III. Zum Gebrauch der Tempus- und Moduswahl

1. Tempuswahl im lateinischen und im deutschen Hauptsatz

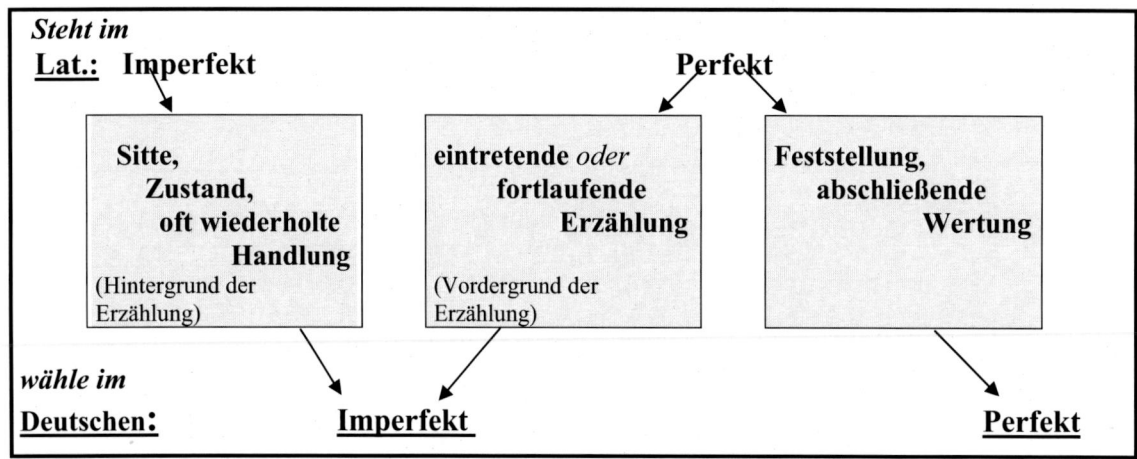

2. Der Gebrauch des Konjunktivs im Lateinischen und Deutschen

Hauptsatz	konjunktivischer Nebensatz		
	gleich-zeitig	**vor**-zeitig	**nach**-zeitig
Dic-i-t, *er sagt,*	quando labor-**e**-t wann er arbeite (Konj.Präs) *aber im Pl.:* wann sie ~~arbeiten~~ arbeiteten	quando laborav-**eri**-t wann er gearbeitet habe (Konj.Perf) *aber im Pl.:* wann sie gearbeitet ~~haben~~ hätten	quando laborat-urus sit wann er arbeiten werde (Konj.Futur) *aber im Pl.:* wann sie arbeiten ~~werden~~ würden (Konj.Imperf)
Dix-i-t, *er sagte,*	quando labora-**re**-t wann er arbeite (Konj.Präs) *aber im Pl.:* wann sie ~~arbeiten~~ arbeiteten	quando laborav-**isse**-t wann er gearbeitet habe (Konj.Perf) *aber im Pl.:* wann sie gearbeitet ~~haben~~ hätten	quando laborat-urus esset wann er arbeiten werde (Konj.Futur) *aber im Pl.:* wann sie arbeiten ~~werden~~ würden (Konj.Imperf.)

Keine Angst vor dem Gebrauch des Konjunktivs im Deutschen:

Jede Verbform, die im Lateinischen vom ...	*Präsensstamm* stammt,	*Perfektstamm* stammt,	*umschriebenen Futur* stammt (-urus...),
übersetze im **Deutschen**	mit dem **Konj. Präsens**	mit dem **Konj. Perfekt**	mit dem **Konj. Futur**

> *Beachte für die Übersetzung:*
> **Wenn im Deutschen der <u>Konjunktiv</u> erforderlich ist, (z.B.: in der indirekten Rede, im indirekten. Fragesatz, in Finalsätzen), die eigentlich zu wählende Verbform im Deutschen jedoch mit dem <u>Indikativ identisch</u> ist, <u>dann</u> (und nur dann) wähle als Ersatz den Konjunktiv des Imperfekts bzw. des Plusquamperfekts.**
> **Beispiel: Er sagte, sie *hätten* keine Zeit (anstatt: sie *haben* keine Zeit).**

Hilfen zur Grammatik 35

IV. Zu den satzwertigen Konstruktionen
1. aci, nci & Partizipialkonstruktionen

Häufig finden sich **satzwertige** Informationen, die durch *Infinitiv, Partizip oder Gerundiv-Form* + jeweiligem Beziehungswort ausgedrückt sind. Wir unterscheiden hier nicht zwischen Haupt- und Nebensatz (HS, NS), sondern sprechen von **Haupt-** und **Nebenvorgang (HV, NV)**, die im Text entsprechend signiert werden sollten.

aci: Socratem prudentissimum fuisse puto. — *Ich glaube, dass Socrates der weiseste aller gewesen ist.*

nci: Catilina, (tu) insidias paravisse diceris. — *Sokrates ist, - wie ich glaube, - der weiseste aller gewesen.*
Es wird gesagt, dass du, Catilina, den Anschlag geplant hast.
Du hast, Catilina, - wie man sagt, - den Anschlag geplant.

Partizipialkonstruktionen (prädikativer Gebrauch).

Stößt Du im Satz auf ein Partizip, dann sollte Dir folgender Spruch einfallen:
„*Das Partizip braucht ein Beziehungswort*,
Dein Auftrag lautet: **Such es sofort!**"

Ist das Partizip mit einem Satzglied des HV „verbunden", dann handelt es sich um ein
→ **Participium coniunctum (PC)**

Ist das Beziehungswort kein Satzglied des HS oder NS, also eine „losgelöste" adverbiale Bestimmung (Ablativ!), dann handelt es sich um einen
→ **Ablativus absolutus (Abl. abs.)**

Die Vorgehensweise für die Entschlüsselung ist bei PC und Abl. abs. identisch:

1. **Schritt:** „unterstrichele" das Partizip und das Beziehungswort

2. **Schritt:** Prüfe das Zeitverhältnis zwischen **NV** und **HV**.
Da das Partizip nichts über den gedanklichen Zusammenhang zwischen NV und HV aussagt, muss man ihn selber herausfinden:

→ Ordne den **NV** dem **HV** bei!

Bilde zwei Hauptsätze, (zuerst den NV) und verbinde sie durch ein „und" sowie √ (logische Partikel zur Bezeichnung der Sinnrichtung).

Also: **NV** + „und" + √ (siehe Tabelle rechts) **HV**

Prüfe ggf. weitere Übersetzungsmöglichkeiten (siehe Tabelle!).
Da die meisten lateinischen Verben kein PPAkt. bilden können, stehen viele Vorgänge im Passiv, die im Deutschen besser aktivisch wiedergegeben werden.

HV: Pompeius a senatu in Asiam missus Mithridatem vicit.
    Pompeius   Mithridatem vicit.

NV: Pompeius a senatu in Asiam missus
    ↳ KNG ↲

NV: Pompeius ist vom S. nach A. geschickt worden und
HV: hat √ dann den Mithridates besiegt. (temporal)

zum Erschließen der Sinnrichtung der Part.Konstruktionen

Sinnrichtung des Partizips	„und" + √ (Beiordnung)	Unterordnung	präpos. Ausdruck	Undekliniertes Partizip (z.B.: geschickt)
temporal: gleichz. vorzeitig.	√dabei √dam/darauf	als, während als, nachdem	bei... nach...	
kausal:	√deshalb	weil	wegen...	
konzessiv:	√dennoch	obwohl	trotz...	
modal:	√dadurch	indem	durch...	

HV: Ciceronem coniuratione patefacta cives celebraverunt.
                          ↳ KNG ↲
HV: Ciceronem   cives celebraverunt.
NV: coniuratione patefacta

NV: Die Verschwörung ist aufgedeckt worden.(Von wem? Von Cicero.)
→ Cicero hat die V. aufgedeckt und √ deshalb haben die B. ihn verherrlicht.
→ Weil Cicero die Verschwörung aufgedeckt hatte, haben die B. ihn verherrlicht.

2. Gerundium und Gerundivum

Findet man im Text eine **nd**-Form, überprüfe man **sofort**, ob sich dazu ein Beziehungswort findet. Denn dann weiß man, ob es sich um ein Gerundium oder Gerundivum handelt, da nur das Gerundivum ein Beziehungswort verlangt.

Das **Gerúndium** (G) ist ein **Verbal-Substantiv mit aktiver (!) Bedeutung**.

→ es wird dekliniert
→ es hat Eigenschaften des Verbums (Adverb; Objekt)

1. Formenbildung:

Jedes Verb lässt sich deklinieren durch Anfügung an den Stamm:
- bei der a/e Konj → **-nd**
- bei der 3. u. 4. Konj. **-e-nd**   + Endung der o-Dekl.

z.B. lauda-nd-i oder faci-e-nd-i

2. Syntax

Jedes Verb lässt sich deklinieren durch Anfügung an den Stamm:

	Nom	dicere	das Reden
ars	Gen	dic-e-nd-i	die Kunst zu sprechen
	Dat	Gebrauch unüblich	
paratus sum	Akk	ad dic-e-nd-um	ich bin bereit zum Sprechen
prudenter	Abl	dic-e-nd-o verba	durch kluges Sprechen d. Worte

3. Beispiele

Vergleich:	**Deutsch**	**Latein**
Das **Wandern** ist des Müllers Lust.	**Migrare** fabrum delectat.
Durch *das* sorgfältige **Lernen** *der* lateinischen Sprache ...	*Diligenter* **discendo** *linguam Latinam* ...
Caesar war *zum* häufigen **Schonen** *der Feinde* bereit.	Caesar *ad* hostibus *saepe* **parcendum** paratus erat.

Das substantivierte Verb wird dekliniert und durch *Adjektive* und *Genitiv-Attribute* näher bestimmt.

Das Verbal-Substantiv wird dekliniert und durch ein *Adverb* oder *Objekt* näher bestimmt.

Das **Gerundivum** (Gv) ist ein **Verbal-Adjektiv mit passiver (!) Bedeutung**.

→ es wird nach dem KNG - Gesetz dem Beziehungswort zugeordnet.

Tipp: Werte es ≈ ein Part. Präs. Pass. und erfasse den NV als selbständigen Satz (verfahre wie beim PC)!

1. attributiver Gebrauch:

	liber legendus	das Buch wird gelesen
in + Abl *wobei?*	in libro legendo	dabei, dass das Buch gelesen wird bei der Lektüre des Buches
de + Abl *worüber?*	de libro legendo	darüber, dass das Buch gelesen wird über die Lektüre des Buches
ad + Akk *wozu?*	ad librum legendum	dazu, dass das Buch gelesen wird zur Lektüre, ... um das B. zu lesen
causa+Gen *weswegen?*	libri legendi causa	deswegen, dass das Buch gelesen wird wegen der Lektüre, um das B. zu lesen.

2. prädikativer Gebrauch

a) als Prädikatsnomen bei esse: „*müssen*" – *nicht dürfen*"

liber legendus nobis est.   *das Buch muss von uns gelesen werden*
(nobis = Dat. auctoris)   *Wir müssen das Buch lesen.*

amicus non deserendus est (intransiv) *der Freund darf nicht verlassen werden*
hostibus parcendum est (intransiv) *die F. müssen geschont werden*

b) als Prädikativum: *zur Bezeichnung der Absicht u. des Zweckes*

Bei Verben mit der Bedeutung „geben", „überlassen" (dare, tradere ...) steht das Gerundium oft als prädikativer Zusatz im Nom. oder Akk.

Do tibi librum legendum. *Ich gebe dir das Buch zu lesen.*

Hilfen zur Grammatik 37

3. Übungen zu den satzwertigen Konstruktionen

Decke die Übersetzung ab und überlege Dir jedes Mal, ob es sich um ein Gerundium (G), Gerundivum (aGv = attributives Gv; pGv = prädikatives Gv), PC oder Ablativus absolutus (A) handelt. Die Beispiele stammen aus den Reden Ciceros.

ab Aenea fugiente	von Aeneas auf der Flucht (PC)
de imperatore deligendo	über die Wahl des Feldherrn (aGv)
iis est a vobis consulendum	ihr müsst für diese sorgen (pGv)
vobis audientibus	während ihr zuhört (A)
sibi bellandum esse duxit	er glaubte, Krieg führen zu müssen (pGv)
dicendi causa	um zu reden (G)
videor enim mihi videre hanc urbem, ..., subito uno incendio concidentem.	ich glaube zu sehen, dass diese Stadt, ..., plötzlich durch einen Brand untergeht (acp)
quae domi gerenda sunt	was zuhause getan werden muss (pGv)
palam iam cum hoste nullo impediente bellum geremus	öffentlich werden wir mit dem Feind, ohne dass uns einer hindert, Krieg führen (A)
pacis constituendae ratio	die Art, den Frieden festzusetzen (aGv)
mihi est dicendum	ich muss reden (pGv)
expertus erat in corripiendis pecuniis	er war erfahren im Raffen von Geld (aGv)
obscurus in agendo	undurchsichtig beim Handeln (G)
ad iudicium corrumpendum	um das Gericht zu bestechen (aGv)
calamitatem commemorando	durch das Erwähnen des Unglücks (G)
in reiciendis iudicibus	bei der Ablehnung der Richter (aGv)
in rebus gestis	in (bei) den Taten (PC)
de pecuniis repetundis quaerere	Untersuchungen anstellen über die Rückforderung von Geldern (aGv)
ab ineunte aetate	von Jugend an (PC)
ad tantum bellum administrandum	um einen so großen Krieg zu führen (aGv)
ne illud quidem vobis neglegendum est	nicht einmal jenes darf von euch vernachlässigt werden (pGv)
atque illud imprimis mihi laetandum iure esse video	und über jenes muss ich mich – wie ich sehe – zu Recht besonders freuen (aci) (pGv)
cum summis huius civitatis viris, qui audita re frequentes ad me mane convenerant, ...	mit den bedeutendsten Männern dieser Stadt, die auf die Nachricht hin in großer Zahl am Morgen zu mir gekommen waren, ... (A)
illi igitur viri vituperandi sunt	darum müssen jene Männer getadelt werden (pGv)
Num aut consules illos aut viros clarissimos vituperandos (esse) putas?	glaubst du etwa, dass jene Konsuln oder berühmten Männer getadelt werden müssen? (pGv)
ad scribendi studium conferre	um sich der Schriftstellerei zu widmen (G)
occasionem sibi ad occupandam Asiam oblatam esse	ihm (reflexiv) wurde die Gelegenheit geboten (aci), Asien zu besetzen (aGv)
mihi pro re publica dicenti ...	mir, während ich für den Staat rede, ... (PC)
atque hoc ideo mihi concedendum est magis	und dieses muss ich umso mehr zugestehen (pGv)
non solum ad intuendum, verum etiam ad imitandum	nicht nur um zu betrachten, sondern auch um nachzuahmen (G)
occasio patriam servandi	die Gelegenheit, das Vaterland zu retten (G)

Hilfen zur Grammatik

V. „Klassiker"

Auf dieser Seite findet man – bunt durcheinander – verschiedene grammatische Phänomene, die in Prüfungen gerne zu „Stolpersteinen" werden. Vor der Klausur oder mündlichen Prüfung sollte man sie als Wiederholung gründlich durcharbeiten.

Relativer Satzanschluss:

Multi cives Antonio favebant. **Quos** [*hier anstelle von* "Hos"]Cicero valde contemnebat.
*Viele Bürger begünstigten den Antonius. **Diese** verachtete Cicero sehr.*

Um zwei aufeinanderfolgende Sätze inhaltlich stärker zu verbinden, lassen römische Autoren einen neuen Hauptsatz häufig mit einem **Relativ-Pronomen** anstelle eines Demonstrativ-Pronomens beginnen. Das **Relativ-Pronomen** wird im Deutschen durch ein **Demonstrativ-Pronomen** wiedergegeben.

Merke Dir folgende Satzanschlüsse:

Qua de causa	*aus **diesem** Grunde*
Quam ob rem	*wegen **dieser** Sache, deswegen*
Quomodo	*auf **diese** Weise*
Quod cum dixisset	*als er **dieses** gesagt hatte*
Quae cum ita sint	*weil **dieses** so ist (Neutr.Pl.)*

Relative Satzverschränkung im aci oder nci:

1. Relative Satzverschränkung im aci:

Hannibal   Romanis magnas clades fecit.
Hannibal   hat den Römern schwere Niederlagen bereitet.
,[quem trans Alpes exercitum duxisse scimus],

Vorgehensweise:		Relative Satz-Verschränkung:
Werte den Relativsatz zunächst als selbständigen HS: dann ist „quem" Relativer Satzanschluss, übersetze „quem" also als Demonstrativ-Pronomen (vgl. oben)!!	**quem** — Subj-Akk — *Dieser* — über die Alpen — **scimus** — **duxisse** — Infinitiv — *hat geführt* — wen/was? — das Heer — *Dieser hat sein Heer über die Alpen geführt. Wir wissen das.* — *Wir wissen, dass dieser sein Heer über die Alpen geführt hat* — **Tipp:** Da die wichtige Information im aci steckt und im Prädikat (scimus) oft nur eine Abschwächung ausgedrückt wird, sollte man den aci als eigenen Satz wiedergeben und das Prädikat in Parenthese beifügen: *Hannibal, der – wie wir wissen – sein Heer über die Alpen geführt hat, hat den Römern....*	Das Relativpronomen ist **1. Subjekt des NV** (qui duxit) und **2. Subjektsakkusativ im aci**, der abhängig ist von scimus. Beide Funktionen sind somit verschränkt!

2. Relative Satzverschränkung im nci:
Nec tam timendus est exercitus L.Catilinae quam isti, qui illum exercitum deseruisse dicuntur.

Und nicht muss das Heer des Catilina so gefürchtet werden wie diese Leute, die – wie man sagt – jenes Heer verlassen haben.

Hilfen zur Grammatik

Kurzformen: nōsse = novisse *(verbum defectivum)* laudāsti = laudavisti fore = futurum esse	Infinitiv Präsens Akt. 2. Pers. Perf. Ind. Akt. Infinitiv Futur
quaerere aliquid ex aliquo petere aliquid ab aliquo	*aus jemandem etwas zu erfahren suchen* jemanden nach etwas fragen *von jemandem etwas zu erreichen suchen* jemanden um etwas bitten

Satzfragen: „num"   *erwartete*   ⟶   nein
              „nōnne"   *Antwort*   ⟶   ja
              „-ne" ⟶ ja *oder* nein	

Doppelfrage: „utrum – an", „-ne – an" oder einfach nur vor der 2. Frage „an"	Nescio (utrum) ludos visitaverit **an** circum. *Ich weiß nicht, ob er die Spiele oder den Zirkus besucht hat.*

Wortfragen: Quam ob rem?
              Quā de causā?
              Quōmodō?
              Quemadmodum?
	(wegen welcher Sache?) Weshalb?
	(aus welchem Grund?) Weshalb?
	(auf welche Weise?) Wie?
	                            Wie?

Unterscheide: alter – alter uterque consul interfectus est	der eine – der andere (von zweien) jeder von **beiden** Konsuln fiel, beide Konsuln fielen
!!! Aufpassen !!! Si quis = si (ali)quis nē quid = nē (ali)quid	wenn jemand damit nichts
Consul *ipse* aderat.	Der Konsul war **persönlich** anwesend. *Sogar* der Konsul war anwesend. *Gerade* der Konsul war anwesend
solus, totus, unus primus, princeps etc *werden gerne prädikativ gebraucht*	Sicilia prima provincia appellata est. *Sizilien ist als erste Provinz genannt worden.*
Consulis est *(gen.possessivus)* prudentiae est *(s.o.)*	es ist Pflicht, Aufgabe des Konsuls es ist ein Zeichen von Klugheit
nemo nostrum quis vestrum? *Genitivus* quid novi? *partitivus* nihil novi	niemand von uns wer von euch? was Neues? nichts Neues
domum domi domo	nach Hause zu Hause von zu Hause
„ut" mit Indikativ mit Konjunktiv	„wie", „sobald" „dass", „damit", „um zu", „so dass"
me vivō me consule *nominaler Ablativ!* Consule invitō	zu meinen Lebzeiten unter meinem Konsulat gegen den Willen des Konsuls
Achtung! PPA nicht mit –nd-Formen verwechseln!! Beispiele: dice**nt**is (PPA Gen. Singular) ⟷ dice**nd**is (Dat. und Abl. Plural vom Gv) dice**nt**i (PPA Dat. Singular) ⟷ dice**nd**i (Gen. vom G und Nom. m pl vom Gv)	

Hilfen zur Grammatik

Korrelativpronomina

t-Wörter: so...   **q**-Wörter: wie....

tam	so	tam - quam	so – wie...	quam	wie
tantus	so groß	tantus - quantus	so groß - wie	quantus	wie groß
tantum	so viel	tantum - quantum	so viel - wie	quantum	wie viel
tot (undekl.)	so viele	tot -- quot	so viele - wie	quot (undekl.)	wie viele
totiens	so oft	totiens - quotiens	so oft - wie	quotiens	wie oft

Verneinter Imperativ:
noli me tangere!   *oder*   ne me tetigeris! *(Konjunktiv Perfekt)*

ducere + aci:	glauben, meinen
ducere + dopp. Akkusativ	halten für
id te moneo	dazu ermahne ich dich
id dubitaveram	darüber war ich im Zweifel
hoc miror	darüber wundere ich mich
id vos cogemus	dazu werden wir euch zwingen
id vos oramus	darum bitten wir euch
persuadēre *mit ut*	überreden
persuadēre *mit aci*	überzeugen
arbitratus	im Glauben
veritus	aus Furcht
(bei diesen Deponentien wird zum Ausdruck einer <u>gleichzeitigen</u> Handlung das Partizip Perfekt verwandt)	
Omnium civium interesse debet patriam salvam esse.	**Für alle Bürger** muss es **von Wichtigkeit** sein, dass das Vaterland gesichert ist.
Meā interest te hodie ad me venire.	Es ist **für mich von Wichtigkeit** (mir liegt daran), dass du heute zu mir kommst.
meum / tuum est	es ist meine / deine Pflicht
difficile est dictū	es ist schwierig zu sagen
horribile est auditū } Supinum II	es ist schrecklich zu hören
facile est factū	es ist leicht zu tun

nach Ausdrücken des **Fürchtens** steht „ne"

timeo, ne	
metuo, ne	*man wünscht, **dass nicht** geschehe,*
vereor, ne	*was man befürchtet*
periculum est, ne	

aci (Accusativus cum infinitivo)   ←→   **acp** (Accusativus cum participio)
*Nach den Verben der sinnlichen Wahrnehmung kann bei Gleichzeitigkeit statt eines aci ein **acp** stehen.*

<u>Video</u> <u>duos viros in arena certare.</u>	<u>Video</u> <u>duos viros in arena certa</u>**<u>ntes</u>**.
Ich sehe zwei Männer kämpfen in der Arena.	*Ich sehe zwei Männer kämpfen in der Arena..*
↳ **Akk. + Inf.** *(NV)* als Obj. zu video	↳**Akk. + Part**. *(NV)* als Obj. zu video

<u>**Nicht verwechseln:**</u>   quīdam →ein gewisser *und* quidem → etwa, zwar, freilich

Achtung! Bei den Verben der konsonantischen Konjugation, deren Stamm auf –nd endet:
z.B.: defendi (Inf. Präs. Pass / 1.Sg. Perf. Ind. Akt) ←→ defendendi (nd-Form)
      contendi   ←→ contendendi

Übersetzungshilfen

C.
I. Wichtige Schritte zur Erschließung einer lateinischen Satzperiode:

A Lies den Satz langsam durch, markiere präpositionale Ausdrücke, z.B. (ad pontem), zeichne alle Satz-Zeichen nach (Nebensätze bei Rel.-Pron. oder Subjunktion) , ... , ! ? unterstreiche das Prädikat (*grün*):

B Erfrage dann – *vom Prädikat ausgehend* – in der angegebenen Reihenfolge (1.-6.) die einzelnen Satzteile:

1. Prädikat: (welche Konjugation?) **genaue** Formbestimmung (Numerus?) und Übersetzung!

2. Erfrage das Subj.: Nom. Sing./Plural? *Subj. und Prädikat sind die "Stützpfeiler" des Satzes!! Übersetze sie zuerst!*

3. - 5.: Erfrage die weiteren Satzteile; Kasūs überprüfen! (welcher Stamm / welche Deklination?)

6. Erfrage (mit Hilfe von Subj., Prädikat, Obj.) die präpositionalen Ausdrücke !

2. wer / was?
3. wen / was?
4. wem?...
5. ....

Neben-Vorgänge [NV] (z.B. aci, acp, Part.-Konstruktionen, Gerundiv-Konstruktionen) sind **satzwertige Konstruktionen**, die dem HV untergeordnet sind und die statt des Prädikats einen Inf., ein Part. oder ein Gerundīvum haben.

Markiere ihre "*Stützpfeiler*" durch ____ oder ...., wobei die "*Stützpfeiler*" ersetzt sind bei(m)

aci	*durch den* **Subjekts-Akk.** *und den* Infinitiv.
Part. coniunctum und Abl. abs.	*durch das* **Beziehungswort** *und das* Partizip (KNG !)
Gerundiv-Konstr.	*durch das* **Beziehungswort** *und das* Gerundīvum (KNG !)

*Tipp: Formuliere aus den "Stützpfeilern" ebenfalls einen **eigenständigen deutschen Satz!** (beachte genau das Genus verbi: Aktiv bleibt Aktiv, Passiv bleibt Passiv!) Erst dann baue ihn unter Beachtung des Zeitverhältnisses in den Haupt-Vorgang ein.*

C Gib die Übersetzung des Hauptsatzes wieder!

D Erarbeite genauso den Nebensatz und gib ihn ebenfalls als selbständigen Satz wieder.

E Füge durch Verwendung der Subjunktion den Nebensatz in den Hauptsatz ein.

F Alles klar? Dann erst fixiere den Satz schriftlich!

42   Übersetzungshilfen

II.   Tipps zur Übersetzungstechnik

Jede formulierte Mitteilung ist aus einzelnen Gedanken – in einfacher oder auch anspruchsvoller Weise – konstruiert. Diese bezeichnet man als Satz oder auch als Satzperiode. Um sie verstehen zu können, muss man sie also analysieren, d.h. in ihre einzelnen Bauglieder entschlüsseln. Dazu empfiehlt sich folgende Arbeitsweise
(vgl. Schaubild S. 41):

1. Lies den jeweiligen Satz langsam und in Ruhe durch unter Beachtung aller Satzzeichen. (So kann man z.B. durch ein Ausrufungszeichen aufmerksam gemacht werden auf einen möglichen Konjunktiv im HS etc.)

2. Versuche, die Funktion der Kommata zu erfassen: Aufzählung? Apposition? Nebensatz?

3. Klammere die Nebensätze ein, evtl. auch Nebensätze 2. Ordnung: ...,[..., (...),...].

4. Markiere alle präpositionalen Ausdrücke inklusiv der Genitivattribute:

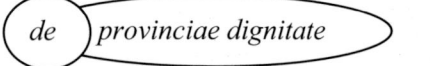   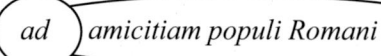

5. Analysiere zunächst den Hauptsatz:
   a) Unterstreiche, bestimme und übersetze das Prädikat: Welche Information gibt es Dir über das Subjekt (Numerus? Genus?) ?

   Bei Modalverben (posse, debere, velle etc.) unterstreiche auch die dazugehörenden Infinitive!

   Überprüfe anhand einer „**Checkliste**" mögliche Abhängigkeiten::

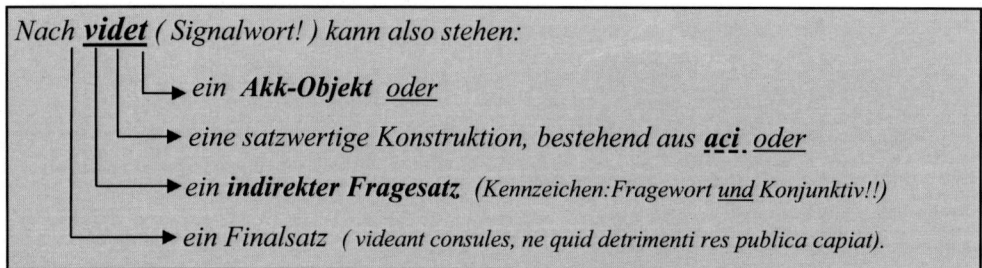

   b) erfrage – soweit möglich – vom Prädikat aus die anderen Satzteile!

6. Verfahre in gleicher Weise mit den (zuvor eingeklammerten) Nebensätzen!

Es empfiehlt sich, die NS zunächst als selbständige Sätze zu übersetzen – ohne Rücksicht auf den Modus – und sie dann als Baustein in das Satzgefüge einzugliedern. Auf diese Weise wird das Textverständnis zunächst in Einzelteilen, dann als Satzganzes erleichtert.

Da alle Konstruktionen satzwertige Bedeutung haben, werden sie mit derselben Signatur unterstrichelt.

Weitere Strukturhilfen:
→ achte auf KNG und kennzeichne durch kleine Häkchen: imperatoris boni
                                                         ↳KNG↵
→ Demonstrativpronomina weisen oft auf Relativsätze hin und sollten deshalb folgendermaßen gekennzeichnet werden: in eos...., a quibus
→ Konnektoren erleichtern meist die Analyse einer langen Satzperiode. Kennzeichne sie durch ein kleines „+", z.B.:   non solum......sed etiam
                                                         +   +

Übersetzungshilfen 43

Beispiel für eine Satzanalyse:

Athenienses cum Persarum impetum nullo modo possent sustinere statuerentque, ut urbe relicta, coniugibus et liberis Troezene depositis naves conscenderent libertatemque Graeciae classe defenderent, Cyrsilum quendam suadentem, ut in urbe manerent Xerxemque reciperent, lapidibus obruērunt.

Cicero de off III, 48

Anmerkung: Für die nachfolgende Satzanalyse wird der Originaltext um einige Satzglieder gekürzt, ohne dabei jedoch die Satzstruktur an sich zu vereinfachen.

Athenienses [cum Persarum impetum nullo modo possent sustinere statuerentque, (ut urbe relictā, coniugibus et liberis Troezene depositis naves conscenderent libertatemque Graeciae classe defenderent)], Cyrsilum quendam suadentem, [ut in urbe manerent Xerxemque reciperent], lapidibus obruērunt.

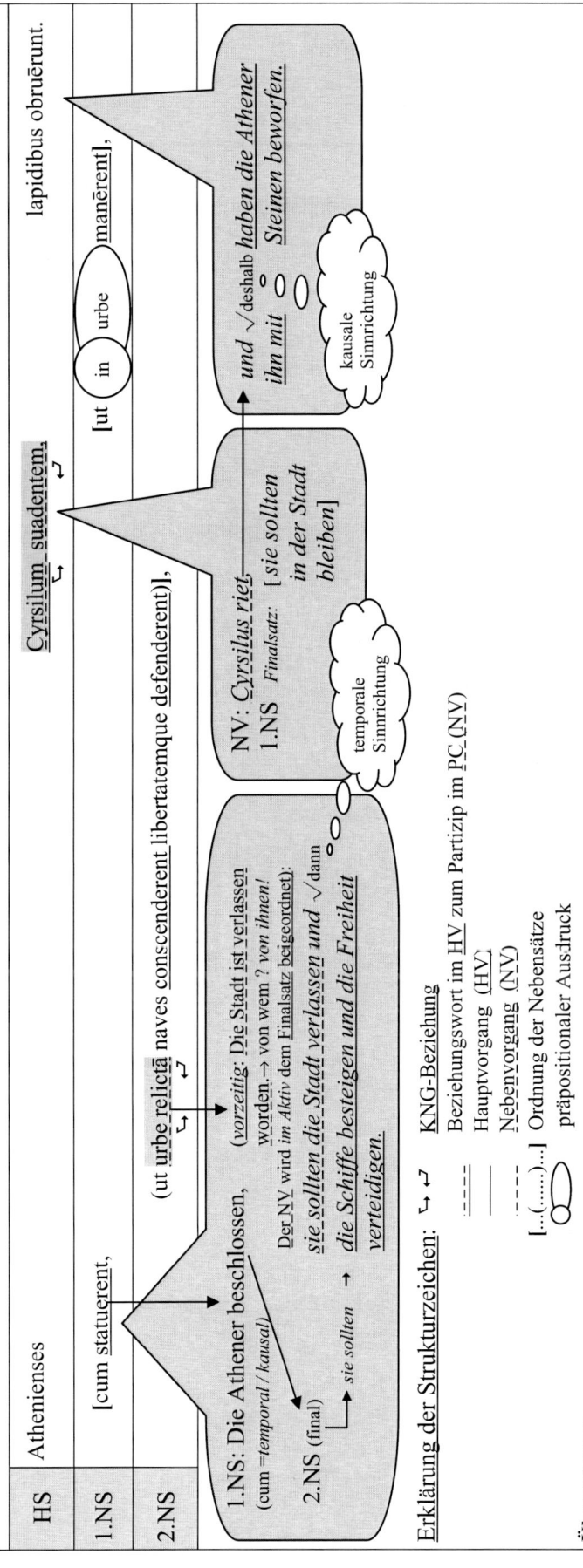

Erklärung der Strukturzeichen:
- ↳ KNG-Beziehung
- ~~~~ Beziehungswort im HV zum Partizip im PC (NV)
- ──── Hauptvorgang (HV)
- ─ ─ ─ Nebenvorgang (NV)
- [...(...)...] Ordnung der Nebensätze
- ⬭ präpositionaler Ausdruck

Übersetzung:

Als die Athener sich dem Angriff der Perser auf keine Weise widersetzen konnten und beschlossen, die Stadt zu verlassen, Frauen und Kinder in Troezen in Sicherheit zu bringen, dann die Schiffe zu besteigen und die Freiheit Griechenlands mit der Flotte zu verteidigen, haben sie einen gewissen Cyrsilus mit Steinen beworfen, da er riet, dass sie in der Stadt bleiben und den Xerxes aufnehmen sollten.

Weitere Übersetzungstipps

Überprüfe alle Passivformen, ob sich ein Deponens dahinter verbirgt: Markiere die Endung mit einem (Warn)dreieck △ als Hinweis für die aktive Bedeutung der Deponentien!

Fertige kein Konzept an, sondern investiere diese Zeit in die gedankliche Analyse. Schreibe dafür sofort in Reinschrift, aber jeweils mit einer Leerzeile, damit Du Platz hast für mögliche Verbesserungen.

Schlage nicht sofort jede Vokabel nach, sondern versuche zunächst – auch mit Hilfe der Wortkundetipps in diesem Buch – die Grundbedeutung zu erschließen.

Schreibe keine Vokabeln in den Text, damit der Text übersichtlich bleibt und frei für die Strukturzeichen. Nummeriere die Zeilen und schreibe Vokabeln unter Bezug der Zeile auf einen Extrazettel.

Nachdem Du die Übersetzung fertig gestellt hast, kontrolliere Wort für Wort, ob Du alles übersetzt und nicht vielleicht ein Wort vergessen hast - auch wenn es nur ein kleines „etiam" oder „igitur" ist! Es sind ärgerliche und unnötige Punktabzüge. Auch Numerus- und Tempusfehler sind absolut vermeidbar.

D. Zum Stil

I. Stilmittel

Die Stilmittel wurden besonders in der forensischen Rhetorik entwickelt, in der es bei den großen Prozessen oder bei den Debatten im Senat darauf ankam, die Zuhörer nicht nur durch die inhaltlichen Argumente zu überzeugen und zu beeinflussen, sondern sie gerade auch durch die sprachliche Form emotional zu erreichen.

1. Klangfiguren
Ziel: Erreichen von Rhythmik, Wohllaut und reimartigen Effekten

Alliteration *(Stabreim)*	Wiederkehr des gleichen Anlauts in aufeinanderfolgenden Worten	**p**ortae **p**atent: **p**roficiscere! Cic. in Cat. I 5, 10 Itaque aliquando **m**ultis **m**alis **m**agnoque **m**etu victi Segestani praetoris imperio parendum esse decreverunt. Cic. Verr. II 4, 76
Homoio-teleuton *(Gleich-endung, Endreim)*	*Gleichklang der Endsilben am Ende von Satzteilen / Sätzen*	Abi<u>it</u>, excess<u>it</u>, erup<u>it</u>, evas<u>it</u>. Cic. in Cat. II 1,1 …omnibus, qui patriam conserva<u>verint</u>, adiuv<u>erint</u>, aux<u>erint</u>, certum esse in caelo definitum locum,… Cic. de re pub. VI, 13
Archaismus *(Sprache der Frühzeit)*	*Verwendung altertümlicher Formen anstelle der klassischen (besonders bei Sallust)*	condid<u>ēre</u> statt condid<u>ērunt</u> civ<u>īs</u> statt civ<u>es</u> *(Akk. pl)* res adv<u>o</u>rsae statt res adversae max<u>u</u>me statt max<u>i</u>me

Zum Stil 45

2. Stellungsfiguren: kunstvolle Anordnung mehrerer Wörter
Ziel: gesteigerte Wirkung auf die Zuhörer oder Leser

Anapher *(Wiederholung, Wiederaufnahme)*	*Wiederholung desselben Wortes am Anfang von Sätzen oder Satzteilen.*	Nihilne te nocturnum praesidium Palati, nihil urbis vigiliae, nihil timor populi, nihil concursus bonorum omnium, nihil hic munitissimus habendi senatus locus, nihil horum ora voltusque moverunt? Cic. in Cat. I 1, 1
Chiasmus (abgeleitet vom griech. Buchstaben **Chi (X)**)	*Kreuzweise Anordnung von Wortgruppen, Satzteilen und Sätzen zur Betonung stärkster Gegensätze*	Pulchrum est bene facere, bene dicere haud absurdum est. castrorum imperatorem ducemque hostium
Parallelismus	*Wiederkehr derselben Wortfolge im anschließenden Satz, Satzglied oder Teilsatz*	Admonebat alium egestatis, alium cupiditatis suae, complures periculi aut ignominiae, multos victoriae Sullanae,... Sall. Cat. 21, 4
Hyperbaton *(Sperrung, Überspringen)*	*Künstliche Trennung grammatisch zusammengehörender Wörter (unterstrichen!)*	Videant consules, nē quid res publica detrimenti capiat. (SCU) Unum ab omnibus sociis et civibus ad id bellum imperatorem deposci atque expeti,... Cic. Pomp. 5
Poly-syndeton *(Viel-verbundenes)*	***Reihung** durch mehrfache Setzung derselben Konjunktion (erzeugt auch bei wenigem eine betonte Fülle)*	Ceterae partes a gentibus aut inimicis huic imperio aut infidis aut incognitis aut certe immanibus et barbaris et bellicosis tenebantur. Cic.de prov. cons. 33
A-syndeton *(Un-verbundenes)*	*Auslassung von Konjunktionen zwischen Satzteilen oder Sätzen. scharfer Gegensatz (" ...; aber ...")*	Res, tempus, pericula, egestas, belli spolia magnifica magis quam oratio mea vos hortantur. Sall. Cat. 20, 15 Defendi rem publicam senex, non deseram senex. Cic. Phil. II 118
Inkonzinnität *(Missklang, Unausgewogenheit)* oder **Variatio**	*Nicht-Entsprechung* Zweck: Besonderer Wechsel im Ausdruck	Duabus his artibus, audacia in bello, ubi pax evenerat, aequitate, seque remque publicam curabant. Sall. Cat. 9, 3

46   Zum Stil

3.   *Sinnfiguren*
   <u>Ziel:</u>   *erhöhte Aufmerksamkeit des Zuhörers: Auslassungen gehören ebenso dazu wie überraschende Wendungen, Formeln und Gliederungen des Satzbaus.*

Antithese (Gegensatz)	*Gegenüberstellung entgegengesetzter Aussagen oder sich widersprechender Begriffe*	Defendi rem publicam <u>adulescens</u>, non deseram <u>senex</u>; <u>contempsi</u> Catilinae gladios, <u>non pertimescam</u> tuos. Cic. Phil. II, 118
Pleonasmus (voller Ausdruck)	*Ein schon im Begriff liegendes Wort wird hinzugefügt.*	semper solere finem facit ore loquendi.
Ellipse (Auslassung)	*Auslassung eines oder mehrerer Wörter, besonders das Auslassen von* **esse, fieri, fore, dicere ...**	Ubi bene, ibi patria (est)! Cui bono (erit)? Quid multa (dicam)? Audacissimus ego ex omnibus (sum)? Minime. An tanto officiosior quam ceteri (sum)? Cic. pro Roscio II
Tricolon (Dreigliedrigkeit) oft mit einer **Klimax** (Steigerung) verbunden	*Die zuerst gemachte Aussage wird stets durch die folgende überboten. (mindestens dreigliedrig)*	Nullus et ludus videtur esse iucundior quam <u>cruor</u>, quam <u>caedes</u>, quam <u>ante oculos trucidatio civium</u>. Cic. Phil. IV 5, 11 tam improbus, tam perditus, tam tui similis Cic. Cat. I 2, 5
Rhetorische Frage	*Scheinfrage, die keine Antwort erwartet*	Quousque tandem abutēre, Catilina, patientia nostra? Cic. Cat. I 1

4.   *Tropen*
   <u>Ziel:</u>   *Schmückende Ausgestaltung von Prosatexten; beabsichtigte Verfremdung vom ursprünglichen Wortsinn*

Metapher (Übertragung, Bild)	*Bezeichnung einer Person, Sache, Handlung oder Vorstellung durch ein Bild, eigentlich einen Vergleich: „ist wie ...."*	Fabius scutum (=Beschützer) Cedant arma togae *(Friedens-Kleid)* Sin tu (...) exieris, exhaurietur ex urbe tuorum comitum magna et perniciosa sentina rei publicae. Cic. in Cat I 5, 12
Hyperbel (Übertreibung)	*Setzt an die Stelle des Tatsächlichen eine Übertreibung*	(Catilina) monstrum illum et prodigium Cic. Cat. II 1, 1 Pompeius plura bella gessit, quam ceteri legērunt. Cic. Pomp. 28
Ironie (Verstellung)	*Meint das Gegenteil vom Gesagten*	praeclaram gratiam (gemeint ist: malam gratiam) o praeclarum imperatorem Cic., in Verr. II 5, 14

pars pro toto *(Teil statt des Ganzen)*	*Ein Teil des Begriffs wird für das Ganze gesetzt*	tecta ardent – die Dächer brennen → die Stadt brennt capita – Köpfe → statt Menschen
Litotes *(scheinbare Abschwächung)*	*Verstärkung eines positiven Begriffs durch die Negierung des Gegenteils.* **Doppelte Verneinung = verstärkte Bejahung!**	- non ignoro - non nolle - nemo est, quin sciat es gibt niemanden, der nicht wüsste = alle wissen
Hen-dia-dyoin *(„Eins-durch-zwei")*	*Ausdruck oder Beschreibung **eines** Begriffs durch Verbindung **zweier** gleichbedeutender Wörter*	Te semper amavi atque dilexi. (innig geliebt) Metus ac timor (feige Furcht) vis ac multitudo, immanitas multitudoque, furorem ac tela Cic. in Cat. I,5
Eu-phemismus *(Verharmlosung/ Beschönigung)*	*Verharmlosen der Bezeichnung einer schlimmen Sache oder Handlung*	vitā decedere oder de vitā migrare → mori

II. Sprachliche und stilistische Besonderheiten bei Sallust

Der literarische Stil des Sallust ist vor allem geprägt durch **Archaismen** (Sprachformen und Stilmittel der älteren römischen Literatur und Geschichtsschreibung). Auf diese Weise will Sallust bei seinen Lesern mehr Wirkung und Nachdruck erreichen.
Diese Archaismen zeigen sich sowohl in Wortform als auch im Aufbau und Stil der einzelnen Sätze.

1. Wortformen					
a) Vokalwechsel					
u statt i	maxumus	→	maximus	existumare → existimare
	legitumus	→	legitimus	lubido → libido
	aestumare	→	aestimare	lubet → libet
	existumare	→	existimare		
u statt e	colundo	→	colendo	*bei der Bildung von nd-Formen in*
	capiundae	→	capiendae	*der konsonantischen Konjugation*
o statt e	divorsi	→	diversi		
	convortit	→	convertit		
o statt u	voltus	→	vultus	quoius → cuius
	volgus	→	vulgus	quoi → cui
	arduom	→	arduum	quom → cum
	reliquom	→	reliquum		
b) Verzicht auf (klassische) assimilierte Schreibweise					
	adpetere	→	appetere	conruptus → corruptus
	subpetere	→	suppetere	inmutare → immutare
	adripere	→	arripere		

48 Zum Stil

c) alte Deklinationsendungen				
os statt or	honos	→	honor	*Nominativ Singular der*
	colos	→	color	*konsonantischen Deklination*
i statt ii	imperi	→	imperii	*Genitiv Singular*
	ingeni	→	ingenii	*der o-Deklination*
i statt us	senati	→	senatus	*Genitiv Singular*
				der u-Deklination
is statt es	civīs	→	cives	*Akkusativ Plural der*
	omnīs	→	omnes	*konsonantischen Deklination*
	mortalīs	→	mortales	

d) Anfügen von Partikeln an Pronomina
his**ce** → his
se**met** → se

e) Trennung zusammengesetzter Subjunktionen, Pronomen und Adverbien				
postea vero **quam**	→	postquam	simul ac	→ simulac
cuius rei lubet	→	cuiuslibet rei	in primis	→ imprimis
quod si	→	quodsi		

f) Wahl der kürzestmöglichen Verbformen (Brevitas)				
coepēre	→	coepērunt	audīstis	→ audivistis
fecēre	→	fecērunt	fore	→ futurum esse
optāstis	→	optavistis		

2. Wortwahl				
a) Vorliebe für seltene Wörter und Bedeutungen				
mortalis	→ homo	iuxta	→	pariter
forem	→ essem	supra	→	magis
haud	→ non	prorsus	→	postremo
contra	→ aliter			
b) Intensiva statt Grundverben (abgeleitet vom PPP)				
ductare	→ ducere	prolatare	→	proferre
agitare	→ agere	minitari	→	minari
consultare	→ consulere			
c) Abstraktum statt Konkretum				
amicitia	→ amici	iuventus	→	iuvenes
coniuratio	→ coniurati	servitium	→	servus / servi
d) besondere Anwendung einzelner Worte				
tempestas	→ Zeit	ars	→	Fähigkeit
habere	→ besitzen	facinus	→	Tat
exercēre	→ quälen			

3. Satzlehre

a) Historischer Infinitiv
zur Schilderung rasch aufeinander folgender Ereignisse oder bei dauernder Handlung anstelle des Perfekts oder Imperfekts

b) Tempuswechsel
bei anschaulich geschilderten Aktionen häufig Tempuswechsel zwischen Perfekt und Präsens

c) Prädikativer Gebrauch des Adverbs

abunde esse	nequiquam cadere
post fuēre	iuxta aestumare

d) Gebrauch des präpositionalen Ausdrucks statt einfachem Kasus

per virtutem → virtute
conscientia de culpa → conscientia culpae

e) Ungewöhnlicher Gebrauch einzelner Kasus

Genitiv	nihil pensi habere	für nichts achten
	nihil reliqui facere	nichts übrig lassen
	statt Ablativ: consili egere	eines Planes bedürfen
	urbis potiri	sich einer Stadt bemächtigen
	beim Partizip: alieni appetens	nach Fremdem verlangen, verschwenderisch mit seinem Hab und Gut
	sui profusus	
Ablativ	**opus est** *in Verbindung mit dem Ablativ eines PPP*	
	consulto opus est	einen Plan nötig haben

4. Stilmittel vgl. auch Kpt. D I

Besonders beliebt sind:

Alliteration	- **f**ortis **f**idosque, - **m**utari ac **m**isceri, - **f**luxa atque **f**ragilis
Antithese	Inhaltlicher Gegensatz zweier Begriffe oder Satzteile – häufig in der Form durch einen *Chiasmus* dargstellt
Asyndeton	unverbundene Reihe einzelner Worte oder Satzglieder
Brevitas	knappe Ausdrucksweise - sowohl in den Wortformen, als auch im Satzbau, z.B. durch Auslassen von esse (Ellipse)
Chiasmus	concordia ***maxuma***, ***minuma*** avaritia erat. satis ***eloquentiae***, ***sapientiae*** parum
Parataxe	Abhängigkeit eines Finalsatzes ohne „ut"
	mandat, (ut) opes factionis confirment" – *er gibt den Auftrag, dass sie die Mittel der Partei stärken sollen*
Inkonzinnität	Paralleler Gebrauch formal verschiedener Satzteile
	- pars ... alii ... plerique - audacia in bello, ubi pax evenerat, aequitate

E. Prüfungstexte

I. Texte zur schriftlichen Latinumsprüfung

1. Cicero: Reden

a)

Latinumsklausur

Omnes hi, quos videtis adesse in hac causa, iniuriam novo scelere conflatam putant oportere defendi, defendere ipsi propter iniquitatem temporum non audent. Ita fit, ut adsint propterea, quod officium sequuntur, taceant autem idcirco, quia periculum vitant. Quid ergo? Audacissimus ego ex omnibus? Minime. An tanto officiosior quam ceteri? Ne istius quidem laudis ita sum cupidus, ut aliis eam praereptam velim. Quae me igitur res praeter ceteros impulit, ut causam reciperem? Quia, si qui istorum dixisset, quos videtis adesse, si verbum de re publica fecisset, multo plura dixisse, quam dixisset, putaretur. Ego autem si omnia, quae dicenda sunt, libere dixero, nequaquam tamen similiter oratio mea exire atque in volgus emanare poterit.

Ego si quid liberius dixero, vel occultum esse propterea, quod nondum ad rem publicam accessi, vel ignosci adulescentiae meae poterit. Accedit illa quoque causa, quod a ceteris forsitan ita petitum sit, ut utrumvis salvo officio se facere posse arbitrarentur; a me autem ei contenderunt, qui apud me et amicitia et beneficiis plurimum possunt. His de causis ego huic causae patronus exstiti, non electus unus, qui maximo ingenio, sed relictus ex omnibus, qui minimo periculo possem dicere.

Z. 2	defendere, o	*hier:* abwehren
Z. 5	laus, dis f	*hier:* Verdienst
Z. 6	praereptam velim	*im Deutschen aktiv*
Z. 10	in volgus emanare	sich in der Öffentlichkeit verbreiten
Z. 13	petitum est ab aliquo	*hier:* jemand ist um Fürsprache gebeten worden
	utrumvis	beides
	salvo officio	ohne einer Pflicht untreu zu werden
Z. 14	ei = ii	

b)

Latinumsklausur

Ein römischer Redner bewirbt sich um das Amt des Anklägers im Prozess gegen Verres. Dieser war Statthalter auf Sizilien gewesen und hat die Provinz brutal ausgebeutet.

Si quis vestrum, iudices, aut eorum, qui adsunt, forte miratur me, qui tot annos in causis iudiciisque publicis ita sim versatus, ut defenderim multos, laeserim neminem, subito nunc mutata voluntate ad accusandum descendere, is, si mei consili causam rationemque cognoverit, una et id, quod facio, probabit, et in hac causa profecto neminem praeponendum mihi esse actorem putabit.
Cum quaestor in Sicilia fuissem, iudices, itaque ex ea provincia decessissem, ut Siculis omnibus iucundam diuturnamque memoriam quaesturae nominisque mei relinquerem, factum est, uti cum summum in veteribus patronis multis, tum nonnullum etiam in me praesidium suis fortunis constitutum esse arbitrarentur.
Quare nunc populati atque vexati cuncti ad me publice saepe venerunt, ut suarum fortunarum omnium causam defensionemque susciperem.
Me saepe esse pollicitum, saepe ostendisse dicebant, si quod tempus accidisset, quo tempore aliquid a me requirerent, commodis eorum me non defuturum.
Venisse tempus aiebant non iam, ut commoda sua, sed ut vitam salutemque totius provinciae defenderem; sese iam ne deos quidem in suis urbibus, ad quos confugerent, habere, quod eorum simulacra sanctissima C. Verres ex delubris religiosissimis sustulisset.

Z. 4   una *(Adv.)*   zugleich
Z. 5   actor, oris m   Ankläger
Z. 14 aiunt   sie sagen
Z. 16 delubrum, i n   Tempel

c)

Latinumsklausur

Atque antequam de incommodis Siciliae dico, pauca mihi videntur esse
de provinciae dignitate, vetustate, utilitate dicenda. Nam cum omnium sociorum
provinciarumque rationem diligenter habere debetis, tum praecipue Siciliae,
iudices, plurimis iustissimisque de causis, primum quod omnium nationum
exterarum princeps Sicilia se ad amicitiam fidemque populi Romani adplicavit.
Prima omnium, id quod ornamentum imperi est, provincia est appellata; prima
docuit maiores nostros, quam praeclarum esset exteris gentibus imperare; sola
fuit ea fide benivolentiaque erga populum Romanum, ut civitates eius insulae,
quae semel in amicitiam nostram venissent, numquam postea deficerent,
pleraeque autem et maxime inlustres in amicitia perpetuo manerent.
Itaque maioribus nostris in Africam ex hac provincia gradus imperi factus est;
neque enim tam facile opes Carthaginis tantae concidissent, nisi illud et rei
frumentariae subsidium et receptaculum classibus nostris pateret.
Quare P. Africanus Carthagine deleta Siculorum urbes signis monumentisque
pulcherrimis exornavit, ut, quos victoria populi Romani maxime laetari
arbitrabatur, apud eos monumenta victoriae plurima conlocaret.
Denique ille ipse M. Marcellus, cuius in Sicilia virtutem hostes, misericordiam
victi, fidem ceteri Siculi perspexerunt, non solum sociis in eo bello consuluit,
verum etiam superatis hostibus temperavit.

Z. 3	rationem habēre	Rücksicht nehmen auf
Z. 5	se adplicare	sich anschließen, sich anvertrauen
Z. 11	gradus, us m	*hier:* Sprung
Z. 13	receptaculum, i n	Zufluchtsort

d)

Latinumsklausur

Bellum grave et periculosum vestris vectigalibus ac sociis a duobus potentissimis regibus infertur, Mithridate et Tigrane, quorum alter relictus, alter lacessitus, occasionem sibi ad occupandam Asiam oblatam esse arbitrantur. Equitibus Romanis adferuntur ex Asia cottidie litterae, quorum magnae res aguntur in vestris vectigalibus exercendis occupatae: qui ad me causam rei publicae periculaque rerum suarum detulerunt: Bithyniae, quae nunc vestra provincia est, vicos exustos esse complures; regnum Ariobarzanis, quod finitimum est vestris vectigalibus, totum esse in hostium potestate; L. Lucullum magnis rebus gestis ab eo bello discedere; huic qui successerit, (eum) non satis esse paratum ad tantum bellum administrandum; unum ab omnibus sociis et civibus ad id bellum imperatorem deposci atque expeti, eundem hunc unum ab hostibus metui, praeterea neminem.

Causa quae sit, videtis: nunc, quid agendum sit, considerate! Primum mihi videtur de genere belli, deinde de magnitudine, tum de imperatore deligendo esse dicendum. Genus est belli eius modi, quod maxime vestros animos excitare atque inflammare ad persequendi studium debeat: in quo agitur populi Romani gloria, quae vobis a maioribus cum magna in omnibus rebus tum summa in re militari tradita est.

Z. 2	Mithridates, is m	*König von Pontus*
	Tigranes, is m	*König von Armenien, Schwiegersohn des Mithridates*
	relictus, a, um	*hier: nicht völlig besiegt*
Z. 4	magnae res	*hier: bedeutende Vermögenswerte*
Z. 5	vectigalia exercēre	*Steuern eintreiben*
Z. 5/6	causa rei publicae	*hier: die Lage des Staates*
Z. 6	Bithynia, ae f	Bithynien, *Landschaft in Kleinasien*
Z. 7	Ariobarzanes, is m	Ariobarzanes, *König von Kappadokien*
Z. 8	L. Lucullus	*römischer Feldherr*

Prüfungstexte

e)

Latinumsklausur

Qua re, modo mihi vita suppetat, polliceor hoc vobis, Quirites, bona fide: rem publicam vigilanti homini, non timido, diligenti, non ignavo commisistis. Ego sum is consul, qui contionem metuam, qui tribunum plebis perhorrescam, qui saepe et sine causa tumultuer, qui timeam, ne mihi in carcere habitandum sit, si tribunus plebis duci iusserit? Ego cum vestris armis armatus sim, imperio, auctoritate insignibusque amplissimis exornatus, non horreo in hunc locum progredi, possum vobis, Quirites, auctoribus improbitati hominis resistere, nec vereor, ne res publica tantis munita praesidiis ab istis vinci aut opprimi possit. Si antea timuissem, tamen hac contione, hoc populo certe non vererer.
Ex quo intellegi, Quirites, potest nihil esse tam populare quam id, quod ego vobis in hunc annum consul popularis adfero, pacem, tranquillitatem, otium. Non modo vos eritis in otio, qui semper esse volueratis, verum etiam istos, quibus odio est otium, quietissimos atque otiosissimos reddam. Etenim illis honores, potestates, divitiae ex tumultu atque ex dissensionibus civium comparari solent; vos, quorum gratia in suffragiis consistit, libertas in legibus, ius in iudiciis et aequitate magistratuum, res familiaris in pace, omni ratione otium retinere debetis.

Z. 1 modo = dummodo
Z. 4 tumultuari, or   beunruhigt sein
Z. 15 suffragium, i n   Abstimmung

Latinumsklausur

Cicero verteidigt einen römischen Senator.

At enim te ad accusandum res publica adduxit. Credo, Cato, te isto animo venisse; sed tu imprudentia laberis. Ego quod facio, iudices, cum amicitiae dignitatisque L. Murenae gratia facio, tum me pacis, oti, concordiae, libertatis, salutis, vitae denique omnium nostrum causa facere clamo atque testor. Audite, audite consulem, iudices, nihil dicam adrogantius, tantum dicam (me) totos dies atque noctes de re publica cogitantem! Non usque eo L. Catilina rem publicam despexit atque contempsit, ut ea copia, quam secum eduxit, se hanc civitatem oppressurum arbitraretur. Latius patet illius sceleris contagio, quam quisquam putat, ad plures pertinet. Intus, intus, inquam, est equus Troianus; a quo numquam me consule dormientes opprimemini. Quaeris a me, ecquid ego Catilinam metuam? Nihil, et curavi, ne quis metueret, sed copias illius, quas hic video, dico esse metuendas; nec tam timendus est nunc exercitus L. Catilinae quam isti, qui illum exercitum deseruisse dicuntur. Non enim deseruerunt, sed ab illo in speculis atque insidiis relicti in capite atque in cervicibus nostris restiterunt. Hi et integrum consulem et bonum imperatorem natura et fortuna cum rei publicae salute coniunctum de urbis praesidio deici volunt.

Z. 10   ecquid?   ob etwa?
Z. 14   in speculis   auf der Lauer

g)

Latinumsklausur

Meis de rebus tam claris, tam immortalibus, iudices, hoc possum dicere, me, qui ex summis periculis eripuerim urbem hanc et vitam omnium civium, satis adeptum fore, si ex hoc tanto in omnes mortales beneficio nullum in me periculum redundaverit.

Etenim in qua civitate res tantas gesserim, memini, in qua urbe verser, intellego. Plenum forum est eorum hominum, quos ego a vestris cervicibus depuli, a meis non removi. Nisi vero paucos fuisse arbitramini, qui conari aut sperare possent se tantum imperium posse delere. Horum ego faces eripere de manibus et gladios extorquere potui, voluntates vero consceleratas ac nefarias nec sanare potui nec tollere. Qua re non sum nescius, quanto periculo vivam in tanta multitudine improborum, cum aeternum bellum cum omnibus improbis esse mihi uni susceptum videam.

Quodsi meis praesidiis forte invides, et si id tibi regium videtur, quod omnes boni omnium generum atque ordinum suam salutem cum mea coniungunt, consolare te, quod omnium mentes improborum mihi uni maxime sunt infestae et adversae! Qui me non modo idcirco oderunt, quod eorum conatus impios repressi, sed eo etiam magis, quod nihil se simile me vivo conari posse arbitrantur.

Z. 6	cervix, vicis f	der Nacken *(im Lateinischen meist im Plural)*
Z. 7	nisi vero	es müsste denn sein *(um eine Behauptung zurückzuweisen)*
Z. 13 – 16	*Cicero spricht zu dem Ankläger*	
Z. 13	regius, a, um	tyrannisch
Z. 15	consolari	trösten

h)

Latinumsklausur

Otiosae dignitatis haec fundamenta sunt, haec membra, quae tuenda principibus et vel capitis periculo defendenda sunt: religiones, auspicia, potestates magistratuum, senatus auctoritas, leges, mos maiorum, iudicia, iuris dictio, fides, provinciae, socii, imperi laus, res militaris, aerarium. Harum rerum tot atque tantarum esse defensorem et patronum magni animi est, magni ingeni magnaeque constantiae. Etenim in tanto civium numero magna multitudo est eorum, qui aut propter metum poenae peccatorum suorum conscii novos motus conversionesque rei publicae quaerant, aut qui propter insitum quendam animi furorem discordiis civium ac seditione pascantur, aut qui propter implicationem rei familiaris communi incendio malint quam suo deflagrare.

Qui cum tutores sunt et duces suorum studiorum vitiorumque nacti, in re publica fluctus excitantur, ut vigilandum sit iis, qui sibi gubernacula patriae depoposcerunt, enitendumque omni scientia ac diligentia, ut conservatis iis, quae ego paulo ante fundamenta ac membra esse dixi, tenere cursum possint et capere oti illum portum et dignitatis.

Hanc ego viam, iudices, si aut asperam atque arduam aut plenam esse periculorum aut insidiarum negem, mentiar, praesertim cum id non modo intellexerim semper, sed etiam praeter ceteros senserim.

Z. 4	aerarium, i n	Staatsschatz
Z. 9	pasci, or	sich weiden an
Z.10	deflagrare	in Feuer aufgehen, untergehen
Z.18	praeter ceteros	mehr als die übrigen

Prüfungstexte

i)

Latinumsklausur

In einer Rede vor den römischen Senatoren warnt Cicero vor den Machenschaften seines politischen Gegners Clodius, der ihn damals in die Verbannung getrieben hat. Selbst dem innenpolitisch sehr einflussreichen Pompeius gelingt es schon seit mehreren Jahren nicht mehr, den Bandenterror des Clodius und dessen tägliche Agitation in Rom in den Griff zu bekommen.

Iniecta fax est foeda ac luctuosa rei publicae. Petita est auctoritas vestra, gravitas amplissimorum ordinum, consensio bonorum omnium, totus denique civitatis status. Haec enim certe petebantur, cum in me cognitorem harum omnium rerum illa flamma illorum temporum coniciebatur. Excepi et pro patria solus exarsi, sic tamen, ut vos isdem ignibus circumsaepti me primum ictum pro vobis et fumantem videretis. Non sedabantur discordiae, sed etiam crescebat in eos odium, a quibus nos defendi putabamur.

Ecce: isdem auctoribus, Pompeio principe, qui cupientem Italiam, flagitantes vos, populum Romanum desiderantem non auctoritate sua solum, sed etiam precibus ad meam salutem excitavit, restituti sumus. Sit discordiarum finis aliquando! A diuturnis dissensionibus conquiescamus! Non sinit eadem ista labes; eas habet contiones, ea miscet ac turbat, ut modo se his, modo vendat illis, nec tamen ita, ut se quisquam, si ab isto laudatus sit, laudatiorem putet, sed ut eos, quos non amant, ab eodem gaudeant vituperari! Atque ego hunc non miror - quid enim faciat aliud? - illos homines sapientissimos gravissimosque miror, quod quemquam clarum hominem atque optime de re publica saepe meritum impurissimi voce hominis violari facile patiuntur.

Z. 1	luctuosus, a, um (+Dat.)	verheerend für
	petere, o	*hier:* angreifen
Z. 5	circumsaepire	umgeben
Z. 6	icere, io	schlagen
Z. 8	isdem auctoribus	gemeint sind die früheren politischen Förderer des Clodius
Z. 8	princeps, cipis	an erster Stelle
Z. 8/9	cupientem, flagrantes, desiderantem –	*ergänzen Sie als Objekt ; meine Rückkehr aus der Verbannung*
Z. 12	labes, is f	Schandfleck *(gemeint ist Clodius)*
	habēre	abhalten
	vendere (+ Dat.)	*hier:* an den Hals werfen
Z. 13	laudatior	in höherem Maße lobenswert
Z. 14	gaudeant	*ergänzen Sie als Subjekt „die Leute"*

j)

Latinumsklausur

M. Claudius Marcellus hatte sich 48 v. Chr. dafür eingesetzt, dass Caesar frühzeitig aus Gallien abberufen werden sollte. Später nach Caesars Sieg über Pompeius – ging Marcellus in die Verbannung und wurde u. a. auf Ciceros Bitten im Jahr 45 v. Chr. von Caesar begnadigt. Dies dankt Cicero in einer überschwänglichen Dankrede.

Domuisti gentes immanitate barbaras, multitudine innumerabiles, locis infinitas, omni copiarum genere abundantes: sed tamen eas vicisti, quae et naturam et condicionem, ut vinci possent, habebant. Nulla est enim tanta vis, quae non ferro et viribus debilitari frangique possit. Animum vincere, iracundiam cohibere, victoriam temperare, adversarium nobilitate, ingenio, virtute praestantem non modo extollere iacentem, sed etiam amplificare eius pristinam dignitatem, haec qui fecit, non ego eum cum summis viris comparo, sed simillimum deo iudico. Itaque, C. Caesar, bellicae tuae laudes celebrabuntur quidem non solum nostris, sed paene omnium gentium litteris atque linguis, nec ulla umquam aetas de tuis laudibus conticescet. Sed tamen eius modi res nescio quo modo, etiam cum leguntur, obstrepi clamore militum videntur et tubarum sono. At vero cum aliquid clementer, mansuete, iuste, moderate, sapienter factum - in iracundia praesertim, quae est inimica consilio, et in victoria, quae natura insolens et superba est - audimus aut legimus, quo studio incendimur, ut eos saepe, quos numquam vidimus, diligamus!
Te vero, quem praesentem intuemur, cuius mentem sensusque et os cernimus, ut, quicquid belli fortuna reliquum rei publicae fecerit, id esse salvum velis, quibus laudibus efferemus?

Z. 5	victoriam temperare	den Sieg maßvoll ausnutzen
Z. 10	conticescere, o	verstummen
Z. 11	obstrepere, o	übertönen
Z. 13	insolens, ntis	übermütig
Z. 17	reliquum facere	übrig lassen

k)

Latinumsklausur

Diversae voluntates civium fuerunt distractaeque sententiae. Non enim consiliis solum et studiis, sed armis etiam et castris dissidebamus. Erat enim obscuritas quaedam; erat certamen inter clarissimos duces: multi dubitabant, quid optimum esset, multi, quid sibi expediret, multi, quid deceret, non nulli etiam, quid liceret. Perfuncta res publica est hoc misero fatalique bello: vicit is, qui non fortuna inflammaret odium suum, sed bonitate leniret; neque (vicit is, qui) omnes, quibus iratus esset, exsilio aut morte dignos iudicaret. Arma ab aliis posita, ab aliis erepta sunt. Ingratus est iniustusque civis, qui armorum periculo liberatus animum tamen retinet armatum, ut etiam ille melior sit, qui in acie cecidit, qui in causa animam profudit. Quae enim pertinacia quibusdam, eadem aliis constantia videri potest.

Sed iam omnis fracta dissensio est armis, exstincta aequitate victoris: restat, ut omnes unum velint, qui modo habent aliquid non solum sapientiae, sed etiam sanitatis. Nisi tu, C. Caesar, in ista sententia, qua cum antea tum hodie vel maxime usus es, manebis, salvi esse non possumus. Qua re omnes te, qui haec salva esse volumus, et hortamur et obsecramus, ut vitae tuae et saluti consulas.

Z. 4 expedire *(unpersönlich)* zuträglich sein
Z. 10 in causa für seine Sache

I)

Latinumsklausur

Reliquum est, Quirites, ut vos in ista sententia, quam prae vobis fertis, perseveretis. Faciam igitur, ut imperatores instructa acie solent, quamquam paratissimos milites ad proeliandum videant, ut eos tamen adhortentur, sic ego vos ardentes ad libertatem recuperandam cohortabor. Non est vobis, Quirites, cum eo hoste certamen, cum quo aliqua pacis condicio esse possit. Neque enim ille servitutem vestram ut antea, sed iam iratus sanguinem concupivit. Nullus ei ludus videtur esse iucundior quam cruor, quam caedes, quam ante oculos trucidatio civium. Non est vobis res, Quirites, cum scelerato homine ac nefario, sed cum immani taetraque belua, quae, quoniam in foveam incidit, obruatur.
Si enim illinc emerserit, nullius supplicii crudelitas erit recusanda.
Numquam maior consensus vester in ulla re fuit, numquam tam vehementer cum senatu consociati fuistis. Nec mirum: agitur enim, non qua condicione victuri, sed victurine simus an cum supplicio ignominiaque perituri. Quamquam mortem quidem natura omnibus proposuit, crudelitatem mortis et dedecus virtus propulsare solet, quae propria est Romani generis et seminis.

Z. 9   fovea, ae f   Grube
       obruere   zuschütten
Z. 15 semen, inis n   Abstammung, Geschlecht

m)

Latinumsklausur

Cicero führt uns mitten hinein in die nach der Ermordung Caesars in Rom ausgebrochenen Wirren. Der Konsul M. Antonius, ein Parteigänger Caesars, hatte Truppen aus Brundisium herbeigeholt, mit denen er zunächst seine Macht absicherte und dann den designierten Konsul des folgenden Jahres, D. Brutus, in der Stadt Mutina belagert. Der Senat in Rom versuchte, zwischen beiden zu vermitteln, und beschloss, eine Friedensgesandtschaft zu Antonius zu schicken. Dagegen wandte sich Cicero in seiner Rede an das Volk:

Intellego, Quirites, a vobis hanc sententiam repudiari, neque iniuria. Ad quem enim legatos? ad eumne, qui pecunia publica dissipata atque effusa, per vim et contra auspicia inpositis rei publicae legibus, fugata contione, obsesso senatu ad opprimendam rem publicam Brundisio legiones arcessiverit, ab iis relictus cum latronum manu in Galliam irruperit, Brutum oppugnet, Mutinam circumsedeat? Quae vobis potest cum hoc gladiatore condicionis, aequitatis, legationis esse communitas?

Quamquam, Quirites, non est illa legatio, sed denuntiatio belli, nisi paruerit; ita enim est decretum, ut si legati ad Hannibalem mitterentur. Mittuntur enim, qui nuntient, ne oppugnet consulem designatum, ne Mutinam obsideat, ne provinciam depopuletur, ne dilectus habeat, sit in senatus populique Romani potestate. Facile vero huic denuntiationi parebit, ut in patrum conscriptorum atque in vestra potestate sit, qui in sua numquam fuerit! Quid enim ille umquam arbitrio suo fecit? Semper eo tractus est, quo libido rapuit, quo levitas, quo furor, quo vinolentia; semper eum duo dissimilia genera tenuerunt, lenonum et latronum; ita domesticis stupris, forensibus parricidiis delectatur, ut mulieri citius avarissimae paruerit quam senatui populoque Romano.

Itaque, quod paulo ante feci in senatu, faciam apud vos.

Z. 1	iniuria	zu Unrecht	Z. 13	in sua potestate esse	sein eigener Herr sein
Z. 5	latro, onis m	Räuber	Z. 14	arbitrium, i n	Urteil, Ermessen
Z. 8	quamquam	indes, jedoch		tractus est	*übers. als Medium!*
	illa	*ordne:* illa non est legatio	Z. 15	vinolentia, ae f	Trunksucht
				leno, onis m	Kuppler, Verführer
Z. 9	ut si	wie wenn, als ob	Z. 16	stuprum, i n	Ehebruch
Z. 11	dilectus, us m	Rekrutierung		delectatur	*übers. als Medium!*
Z. 12	facile	(*natürlich ironisch gemeint*)			

n)

Latinumsklausur

At enim nos M. Lepidus, imperator iterum, optime proximo civili bello de re publica meritus ad pacem adhortatur. Nullius apud me, patres conscripti, auctoritas maior est quam M. Lepidi vel propter ipsius virtutem vel propter familiae dignitatem. Accedunt eodem multa privata magna eius in me merita, mea quaedam officia in illum. Maximum vero eius beneficium numero, quod hoc animo in rem publicam est, quae mihi vita mea semper fuit carior. Nam cum Magnum Pompeium, clarissimum adulescentem, praestantissimi viri filium, auctoritate adduxit ad pacem remque publicam sine armis maximo civilis belli periculo liberavit, tum me eius beneficio plus quam pro virili parte obligatum puto. Itaque et honores ei decrevi, quos potui amplissimos, in quibus mihi vos estis adsensi, nec umquam de illo et sperare optime et loqui destiti. Summa nobilitas est, omnes honores, amplissimum sacerdotium, plurima urbis ornamenta, ipsius, fratris maiorumque monumenta, probatissima uxor, optatissimi liberi, res familiaris cum ampla, tum casta a cruore civili; nemo ab eo civis violatus, multi eius beneficio et misericordia liberati. Talis igitur vir et civis opinione labi potest, voluntate a re publica dissidere nullo pacto potest.

Z. 9   pro virili parte   mehr als einer zu leisten imstande ist
Z. 13 probatus, a, um   trefflich, geschätzt, geachtet
Z. 14 optatus, a, um   willkommen, lieb

2. Cicero: de officiis

a)

Latinumsklausur

Sed iniustitiae genera duo sunt, unum eorum, qui inferunt, alterum eorum, qui ab iis, quibus infertur, si possunt, non propulsant iniuriam. Nam qui iniuste impetum in quempiam facit aut ira aut aliqua perturbatione incitatus, is quasi manus afferre videtur socio; qui autem non defendit nec obsistit, si potest, iniuriae, tam est in vitio, quam si parentes aut amicos aut patriam deserat.
Atque illae quidem iniuriae, quae nocendi causa de industria inferuntur, saepe a metu proficiscuntur, cum is, qui nocere alteri cogitat, timet, ne, nisi id fecerit, ipse aliquo afficiatur incommodo. Maximam autem partem ad iniuriam faciendam aggrediuntur, ut adipiscantur ea, quae concupiverunt; in quo vitio latissime patet avaritia.
Expetuntur autem divitiae cum ad usus vitae necessarios, tum ad perfruendas voluptates. In quibus autem maior est animus, in iis pecuniae cupiditas spectat ad opes et ad gratificandi facultatem, ut nuper M. Crassus negabat ullam satis magnam pecuniam esse ei, qui in re publica princeps vellet esse, cuius fructibus exercitum alere non posset.
Nec vero rei familiaris amplificatio nemini nocens vituperanda est, sed fugienda semper iniuria est.

Z. 3	quempiam	= aliquem
Z. 6	de industria	absichtlich
Z. 8	maximam partem	zum größten Teil
Z. 13	opes, um f pl	*(persönlicher)* Einfluss
	gratificari	(andere) von sich abhängig machen
Z. 14	fructus, us m	Zinsen

b)

Latinumsklausur

Deinceps, ut erat propositum, de beneficentia ac de liberalitate dicatur, qua quidem nihil est naturae hominis accommodatius, sed habet multas cautiones. Videndum est enim, primum ne obsit benignitas et iis ipsis, quibus benigne videbitur fieri, et ceteris; deinde ne maior benignitas sit, quam facultates; tum ut pro dignitate cuique tribuatur; id enim est iustitiae fundamentum, ad quam haec referenda sunt omnia. Nam et qui gratificantur cuipiam, quod obsit illi, cui prodesse velle videantur, non benefici neque liberales, sed perniciosi assentatores iudicandi sunt, et qui aliis nocent, ut in alios liberales sint, in eadem sunt iniustitia, ut si in suam rem aliena convertant.

Sunt autem multi et quidem cupidi splendoris et gloriae, qui eripiunt aliis, quod aliis largiantur, iique arbitrantur se beneficos in suos amicos visum iri, si locupletent eos quacumque ratione. Id autem tantum abest ab officio, ut nihil magis officio possit esse contrarium. Videndum est igitur, ut ea liberalitate utamur, quae prosit amicis, noceat nemini. Quare L. Sullae, C. Caesaris pecuniarum translatio a iustis dominis ad alienos non debet liberalis videri; nihil est enim liberale, quod non idem iustum.

Z. 2	cautiones habet	es erfordert Vorsicht
Z. 3 u. 6	obesse	schädlich sein
Z. 3 / 4	benigne ...fieri	gütig zugedacht sein
Z. 6	gratificari	sich gefällig erweisen
	quispiam	= aliquis
Z. 7	beneficus, a, um	wohltätig, gefällig
Z. 8	assentator, oris m	Schmeichler
Z. 9	si in suam rem	*ergänze:* familiarem
Z. 12	locupletare	reich machen
Z. 16	quod non idem	was nicht zugleich

c)

Latinumsklausur

Nec vero audiendi sunt, qui graviter inimicis irascendum putabunt idque magnanimi et fortis viri esse censebunt; nihil enim laudabilius, nihil magno et praeclaro viro dignius placabilitate atque clementia. Et tamen ita probanda est mansuetudo atque clementia, ut adhibeatur rei publicae causa severitas, sine qua administrari civitas non potest. Omnis autem et animadversio et castigatio contumelia vacare debet neque ad eius, qui punit aliquem aut verbis castigat, sed ad rei publicae utilitatem referri.

Cavendum est etiam, ne maior poena quam culpa sit et ne isdem de causis alii plectantur, alii ne appellentur quidem. Prohibenda autem maxime est ira puniendo; numquam enim, iratus qui accedet ad poenam, mediocritatem illam tenebit, quae est inter nimium et parum, quae placet Peripateticis - et recte placet. Iracundia vero omnibus in rebus repudianda est optandumque, ut ii, qui praesunt rei publicae, legum similes sint, quae ad puniendum non iracundia, sed aequitate ducuntur.

Atque etiam in rebus prosperis et ad voluntatem nostram fluentibus superbiam magnopere, fastidium arrogantiamque fugiamus! Nam ut adversas res, sic secundas inmoderate ferre levitatis est praeclaraque est aequabilitas in omni vita.

Z.	3	placabilitas, atis f	Milde
Z.	5	animadversio, ionis f	Tadel
Z.	9	plectere, o	prügeln
Z.	16	fastidium i n	Überheblichkeit

d)

Latinumsklausur

Sed utilitatis specie in re publica saepissime peccatur, ut in Corinthi disturbatione nostri; durius etiam Athenienses, qui sciverunt, ut Aeginetis, qui classe valebant, pollices praeciderentur. Hoc visum est utile; nimis enim imminebat propter propinquitatem Aegina Piraeo. Sed nihil, quod crudele, utile; est enim hominum naturae, quam sequi debemus, maxima inimica crudelitas. Male etiam, qui peregrinos urbibus uti prohibent eosque exterminant, ut Pennus apud patres nostros, Papius nuper. Nam (eum) esse pro cive, qui civis non sit, rectum est non licere; quam legem tulerunt sapientissimi consules, Crassus et Scaevola. Usu vero urbis prohibere peregrinos sane inhumanum est.

Illa (exempla) praeclara, in quibus publicae utilitatis species prae honestate contemnitur. Plena exemplorum est nostra res publica cum saepe, tum maxime bello Punico secundo, quae Cannensi calamitate accepta maiores animos habuit quam unquam rebus secundis; nulla timoris significatio, nulla mentio pacis. Tanta vis est honesti, ut speciem utilitatis obscuret.

Athenienses cum Persarum impetum nullo modo possent sustinere statuerentque, ut urbe relicta, coniugibus et liberis Troezene depositis naves conscenderent libertatemque Graeciae classe defenderent, Cyrsilum quendam suadentem, ut in urbe manerent Xerxemque reciperent, lapidibus obruerunt. Atque ille utilitatem sequi videbatur, sed ea nulla erat repugnante honestate.

Z. 1 Corinthus, i **f** — *(Stadt)* Korinth
Z. 2 sciscere, o — beschließen, verordnen
Aeginetae, arum **m** — Bewohner der Stadt Aegina
Z. 3 pollex, icis m — Daumen
Z. 4 Aegina, a f — *(Stadt)* Aegina
Piraeus, i m — Piraeus *(Hafen von Athen)*
Z. 7 eum pro cive esse — als Bürger gelten
Z. 9 peregrinus, i m — Fremder
Z. 16 Troezen, entis f — Troezen *(Stadt in der Argolis)*
Z. 19 repugnare — im Widerspruch stehen

3. Sallust

a)

Latinumsklausur

In einer für den römischen Staat gefährlichen Situation hält ein Senator folgende Rede:

Sed, per deos inmortalis, vos ego appello, qui semper domos, villas, signa, tabulas vostras pluris quam rem publicam fecistis: si ista, quae amplexamini, retinere, si voluptatibus vostris otium praebere voltis, expergiscimini aliquando et capessite rem publicam! Non agitur de vectigalibus neque de sociorum iniuriis: libertas et anima nostra in dubio est. Coniuravere nobilissumi cives patriam incendere, Gallorum gentem infestissumam nomini Romano ad bellum arcessunt, dux hostium cum exercitu supra caput est. Vos cunctamini etiam nunc et dubitatis, quid intra moenia deprensis hostibus faciatis? Misereamini, censeo: deliquere homines adulescentuli per ambitionem - atque etiam armatos dimittatis! Scilicet res ipsa aspera est, sed vos non timetis eam. Non votis neque suppliciis muliebribus auxilia deorum parantur: vigilando, agundo, bene consulundo prospere omnia cedunt. Undique circumventi sumus. Catilina cum exercitu faucibus urget, alii intra moenia atque in sinu urbis sunt hostes; neque parari neque consuli quicquam potest occulte: quo magis properandum est. Quare ego ita censeo: Cum nefario consilio sceleratorum civium res publica in maxuma pericula venerit iique indicio legatorum Allobrogum convicti confessique sint caedem, incendia aliaque crudelia facinora in civis patriamque paravisse, de confessis more maiorum supplicium sumundum.

Z. 2	pluris facere	= pluris aestimare
	amplexari	*Intensivum zu amplecti*
Z. 5	in dubio esse	auf dem Spiel stehen
Z. 7	supra caput est	„sitzt im Nacken"
Z. 9	delinquere	einen Fehler begehen
Z. 12	prospere cedere	günstig verlaufen
Z. 13	faucibus urgēre	„an der Kehle sitzen"

b)

Latinumsklausur

Nachdem sich der adlige Kriegsführer Metellus im Krieg gegen Jugurtha als unfähig erwiesen hatte, wählte das Volk Marius zum Konsul und damit zum Oberbefehlshaber. Marius – als „homo novus" vom Adel missachtet – ergriff jede Gelegenheit, um diesen schonungslos anzugreifen. So auch in dieser Rede:

Comparate nunc, Quirites, cum illorum superbia me, hominem novum. Quae illi audire aut legere solent, eorum partem vidi, alia egomet gessi; quae illi litteris, ea ego militando didici. Nunc vos existimate, facta an dicta pluris sint. Contemnunt novitatem meam, ego illorum ignaviam; mihi fortuna, illis probra obiectantur. Quamquam ego naturam unam et communem omnium existimo, sed fortissimum quemque generosissimum. Ac si iam ex patribus Albini aut Bestiae quaeri posset, mene an illos ex se gigni maluerint, quid responsuros creditis nisi sese liberos quam optimos voluisse? Quodsi iure me despiciunt, faciant item maioribus suis, quibus, uti mihi, ex virtute nobilitas coepit. Invident honori meo: ergo invideant labori, innocentiae, periculis etiam meis, quoniam per haec illum cepi.

Verum homines corrupti superbia ita aetatem agunt, quasi vestros honores contemnant; ita hos petunt, quasi honeste vixerint. Ne illi falsi sunt, qui diversissimas res pariter exspectant, ignaviae voluptatem et praemia virtutis. Atque etiam, cum apud vos aut in senatu verba faciunt, pleraque oratione maiores suos extollunt: eorum fortia facta memorando clariores sese putant. Quod contra est. Nam quanto vita illorum praeclarior, tanto horum socordia flagitiosior.

Z. 2	egomet	ich selbst
Z. 4	novitas, atis f	*hier:* bürgerliche Abstammung
	fortuna, ae f	*hier: (niedrige)* Stellung, Stand
	probrum, i n	Schandtat
Z. 6	generosus, a, um	adelig, edel
	Albinus, i m	römischer Name
Z. 7	Bestia, ae m	römischer Name
Z. 9	coepisse ex aliqua re	herrühren, seinen Ursprung haben in
Z. 13	ita	*hier: adversativ* „andererseits"
	ne	*hier:* wahrhaftig!

II. Lösungen zu den Klausuraufgaben

1. Cicero: Reden

a) pro Roscio Amerino 1 – 5

Omnes hi, quos videtis adesse in hac causa, iniuriam novo scelere conflatam putant oportere defendi, defendere ipsi propter iniquitatem temporum non audent. Ita fit, ut adsint propterea, quod officium sequuntur, taceant autem idcirco, quia periculum vitant. Quid ergo? Audacissimus ego ex omnibus? Minime. An tanto officiosior quam ceteri? Ne istius quidem laudis ita sum cupidus, ut aliis eam praereptam velim. Quae me igitur res praeter ceteros impulit, ut causam reciperem? Quia, si qui istorum dixisset, quos videtis adesse, si verbum de re publica fecisset, multo plura dixisse, quam dixisset, putaretur. Ego autem si omnia, quae dicenda sunt, libere dixero, nequaquam tamen similiter oratio mea exire atque in volgus emanare poterit.

Ego si quid liberius dixero, vel occultum esse propterea, quod nondum ad rem publicam accessi, vel ignosci adulescentiae meae poterit. Accedit illa quoque causa, quod a ceteris forsitan ita petitum sit, ut utrumvis salvo officio se facere posse arbitrarentur; a me autem ei contenderunt, qui apud me et amicitia et beneficiis plurimum possunt. His de causis ego huic causae patronus exstiti, non electus unus, qui maximo ingenio, sed relictus ex omnibus, qui minimo periculo possem dicere.

Bei diesem Text handelt es sich um den Anfang der ersten Verteidigungsrede, die Cicero im Jahr 81 v. Chr. als junger Anwalt gehalten hat. Aufgrund einer Intrige wurde Sextus Roscius des Vatermordes beschuldigt. Keiner außer Cicero wagte die Verteidigung des jungen Mannes zu übernehmen, da der Ankläger, Chrysogonus, ein Günstling Sullas war und Sextus um das Erbe bringen wollte. Politisch war Cicero ein unbeschriebenes Blatt und musste deshalb auf niemanden Rücksicht nehmen. Nach dem Freispruch verließ Cicero sicherheitshalber Rom und begab sich auf eine Bildungsreise nach Griechenland.

Alle diese, die[1] ihr in diesem Prozess anwesend seht, glauben[2], dass es nötig sei, dass man ein durch ein neuartiges Verbrechen begangenes Unrecht abwehrt, aber[3] es selbst abzuwehren wagen sie wegen der Ungunst der Zeiten nicht. So geschieht es, dass[4] sie deswegen anwesend sind, weil sie der Pflicht folgen, sie schweigen aber deshalb, weil sie die Gefahr meiden. Was also? Bin[5] ich der kühnste von allen? Keineswegs! Oder bin[5] ich um soviel[6] pflichtbewusster als die übrigen? Nicht einmal nach diesem Verdienst[7] bin ich so begierig, dass[8] ich ihn den anderen wegnehmen möchte[9]. Was treibt mich also mehr[10] als die übrigen, den Prozess zu übernehmen? Wenn einer[11] von denen, die ihr hier anwesend seht, gesprochen hätte[12], wenn einer ein Wort über den Staat verloren hätte[12], dann würde man glauben[12,13], dass er viel[6] mehr gesagt habe, als er gesagt habe. Wenn ich aber alles, was gesagt werden muss[14], frei[15] ausspreche, wird keineswegs meine Rede einen ähnlichen Ausgang haben und sich in der Öffentlichkeit verbreiten können. Wenn ich irgendetwas[16] allzu frei[17] ausspreche[18], wird es (entweder) deshalb verborgen sein können, weil ich mich noch nicht politisch betätigt habe, oder meiner Jugend verziehen werden (können). Hinzu kommt auch jener Grund, dass[19] die übrigen vielleicht derart um Fürsprache gebeten worden sind, dass sie glaubten, beides tun zu können, ohne einer Pflicht untreu zu werden[20]. Dieses verlangten von mir aber diejenigen, die bei mir aufgrund der Freundschaft[21] und der Wohltaten sehr viel Einfluss haben. Aus diesen Gründen bin als Verteidiger[22] für diesen Fall[23] hervorgetreten, nicht ausgewählt als einer, der ich mit größter Begabung[24], sondern - von allen zurückgelassen -, der ich unter geringster Gefahr reden kann[25,26].	[1] hi, [quos videtis adesse in_] *Relativ.Satzverschränkung*
	  diese sind anwesend ihr seht → die, - wie ihr seht – anw.s.
	[2] putant oportere iniuriam ......conflatam defendi
	    ⌐aci ⌐aci ↳ PC ↵ **Inf.** *Präs. Pass.*
	[3] *Asyndeton*
	
	[4] *Konsekutivsatz*
	
	[5] *Ellipse*
	
	[6] *abl. mensurae*
	[7] *gen. objectivus*
	[8] *Konsekutivsatz*
	
	[9] *velim → aci*
	[10] *praeter b. Akk. – mehr als*
	[11] *(ali-)qui Indefinitpronomen (nach si, nisi, ne, num)*
	[12] *Irrealer Bedingungssatz der Vorzeitigkeit/*
	                              Gleichzeitigkeit
	[13] putaretur → nci
	
	[14] dice**nd**a sunt *prädikativ gebrauchtes Gerundīvum*
	                   mit esse
	[15] *Adverb: libere*
	
	[16] *(ali-)quid Indefinitpronomen*
	[17] *Komparativ des Adverbs (freier als erlaubt)*
	[18] *Futur II*
	
	[19] *quod: faktisches quod*
	
	[20] *nominaler Ablativ*
	
	[21] *abl. causae*
	[22] *Prädikativum*
	[23] *dat. commodi*
	[24] *abl. causae*
	[25] *Konjunktiv im Relativsatz:*
	            hier: kausal oder konsekutiv
	Satzbau:
	ego exstiti non electus,[qui maximo ingenio *possem dicere*]
	    ↳ ↵ (= ut ego …)
	          sed relictus,[qui minimo periculo possem dicere].
	                 ↵
	[26] *Parallelismus*

b) in Caecilium divinatio 1- 3

Si quis vestrum, iudices, aut eorum qui adsunt, forte miratur me, qui tot annos in causis iudiciisque publicis ita sim versatus, ut defenderim multos, laeserim neminem, subito nunc mutata voluntate ad accusandum descendere, is, si mei consili causam rationemque cognoverit, una et id, quod facio, probabit, et in hac causa profecto neminem praeponendum mihi esse actorem putabit. Cum quaestor in Sicilia fuissem, iudices, itaque ex ea provincia decessissem, ut Siculis omnibus iucundam diuturnamque memoriam quaesturae nominisque mei relinquerem, factum est ut cum summum in veteribus patronis multis, tum non nullum etiam in me praesidium suis fortunis constitutum esse arbitrarentur. Quare nunc populati atque vexati cuncti ad me publice saepe venerunt, ut suarum fortunarum omnium causam defensionemque susciperem. Me saepe esse pollicitum, saepe ostendisse dicebant, si quod tempus accidisset, quo tempore aliquid a me requirerent, commodis eorum me non defuturum. Venisse tempus aiebant non iam ut commoda sua, sed ut vitam salutemque totius provinciae defenderem; sese iam ne deos quidem in suis urbibus, ad quos confugerent, habere, quod eorum simulacra sanctissima C. Verres ex delubris religiosissimis sustulisset.

Prüfungstexte

In dieser Rede („divinatio" = „Mutmaßung": die Richter müssen im Vorfeld einer Anklage mutmaßen, wer der geeignetste Ankläger in diesem Prozess sei) bewarb sich Cicero zum ersten und auch letzten mal als Ankläger – eine Aufgabe, die sonst wenig ehrenhaft war und häufig von profitgierigen Juristen übernommen wurde. In diesem Fall bewogen ihn zwei Gründe: zum einen war sein Gegner ein „Busenfreund" des Verres und Quaestor unter diesem gewesen, so dass ein fairer Ausgang des Prozesses höchst fraglich erschien, zum andern fühlte Cicero sich durch die persönlichen Bitten der Sikuler moralisch zu diesem Schritt verpflichtet.

Wenn irgendeiner[1] von euch[2], Richter, oder von denen, die anwesend sind, sich vielleicht[3] wundert, dass ich, der[4] ich so viele Jahre in öffentlichen Rechtssachen und Prozessen mich so verhalten habe, dass ich viele verteidigt, aber[5] niemanden angeklagt habe, und nun meine Einstellung geändert habe[6] und mich zur Anklage[7] begebe, dann wird er, wenn er den tieferen Grund meiner Absicht erkannt hat[8], zugleich auch das, was ich tue, billigen und glauben[9], dass in diesem Prozess mir niemand als Ankläger vorgezogen werden darf. Als ich Quaestor auf Sizilien gewesen war, ihr Richter, und so[10] aus dieser Provinz fortgegangen war, dass ich allen Sikulern eine angenehme und bleibende Erinnerung an[11] meine Quaestur und meinen Namen zurückließ, da ist es dazu gekommen, dass[12] sie glaubten, dass ihnen einmal[13] ein sehr starker Schutz durch ihre alten und zahlreichen Schutzherren, dann aber ein besonderer Schutz durch mich für ihre Schicksalslagen[14] zugesichert sei. Diese sind jetzt – ausgeplündert und gequält – alle öffentlich häufig zu mir gekommen, dass[15] ich den Prozess und die Verteidigung[16] all ihrer Schicksalsschläge übernehmen solle. Sie sagten[17], dass ich oft versprochen, oft gezeigt hätte, dass ich mich nicht ihren Interessen entziehen werde[18], wenn ein Zeitpunkt gekommen sein wird, an dem sie von mir etwas forderten. Der Zeitpunkt sei gekommen, sagten sie[19], nicht, damit[19] ich ihre Interessen, sondern damit ich das Leben und das Wohlergehen der gesamten Provinz verteidige. Sie hätten nicht einmal mehr Götter in ihren[21] (*eigenen*) Städten, zu denen sie fliehen könnten[20], weil Gaius Verres deren[22] heiligste Bilder aus ihren ehrwürdigsten Tempeln entfernt habe.	[1] „Nach si, nisi, ne, num *fällt das kleine* ali- um!" [2] vestrum: *gen. partitivus von* vos [3] forte (*eigentl. Abl. Sing. von* fors, fortis f – *Zufall*) [4] qui...ita sim versatus *Rel.-S. in Indir. Rede* → *Konj.* ↳ut *Konsekutivsatz* [5] *Asyndeton, hier: Gegensatz (aber)* [6] mirari → aci: <u>me mutata voluntate</u> ... <u>descendere</u> ↳ *von wem? von mir* → *Aktiv* [7] accusandum ad + *Gerundium drückt den Zweck aus.* *(attributiver Gebrauch)* [8] cognoverit: *Konj. Perf. als Potentialis) oder: Fut. II* [9] putabit ↳*aci:* <u>neminem praeponendum esse</u> actor<u>em</u> *(prädikativ)* mihi *(hier kein dat. auctoris, sondern Dat.-Objekt)* [10] ita-que = et ita → ut *(konsekutiv)* [11] memoria quaesturae *(gen. obiectivus)* [12] uti (= ut) arbitrarentur → aci [13] cum...tum (≈ et...**et**) – *sowohl...als auch* <u>besonders</u> <u>summum / non nullum praesidium constitutum esse</u> ↳*Litotes* [14] fortunis *dat. commodi* [15] *Finalsatz* [16] **Regel**: *Die von einem PPP-Stamm abgeleiteten Substantive auf -**io** (f) geben die* **Tätigkeit/Produkt** *des Verbs an.* [17] *Zur Konstruktion:* (Siculi) dicebant → aci <u>Me esse pollicitum, ostendisse</u> ↳*aci* [si accidisset] <u>me non defuturum</u> [18] defuturum (esse) *Ellipse Inf. Fut. von* deesse [19] aiebant **Regeln** *der* **Indir. Rede** *(Consecutio temporum)*: *Aussagen: aci (Venisse tempus; Inf. der Vorzeitigkt.)* *Aufforderung, Nebensätze: Konjunktiv.* ut defenderem *Finalsatz (gleichzeitig zu aiebant!)* [20] *Nebensätze: Konj.* (ad quos confugerent) *konsekutiver Nebensinn* [21] suis *(reflexives Poss.-Pron.,* *auf das Subj.* sese =*se bezogen)* [22] eorum (<u>nicht reflexiv</u> → *Gen. des Demonstr.-Pron.)*

c) in Verrem II 2, 2 – 4

Atque antequam de incommodis Siciliae dico, pauca mihi videntur esse de provinciae dignitate, vetustate, utilitate dicenda. Nam cum omnium sociorum provinciarumque rationem diligenter habere debetis, tum praecipue Siciliae, iudices, plurimis iustissimisque de causis, primum quod omnium nationum exterarum princeps Sicilia se ad amicitiam fidemque populi Romani adplicavit. Prima omnium, id quod ornamentum imperi est, provincia est appellata; prima docuit maiores nostros, quam praeclarum esset exteris gentibus imperare; sola fuit ea fide benivolentiaque erga populum Romanum, ut civitates eius insulae, quae semel in amicitiam nostram venissent, numquam postea deficerent, pleraeque autem et maxime inlustres in amicitia perpetuo manerent. Itaque maioribus nostris in Africam ex hac provincia gradus imperi factus est; neque enim tam facile opes Carthaginis tantae concidissent, nisi illud et rei frumentariae subsidium et receptaculum classibus nostris pateret.
Quare P. Africanus Carthagine deleta Siculorum urbes signis monumentisque pulcherrimis exornavit, ut, quos victoria populi Romani maxime laetari arbitrabatur, apud eos monumenta victoriae plurima conlocaret.
Denique ille ipse M. Marcellus, cuius in Sicilia virtutem hostes, misericordiam victi, fidem ceteri Siculi perspexerunt, non solum sociis in eo bello consuluit, verum etiam superatis hostibus temperavit.

Bei dieser Rede handelt es sich um einen Repetundenprozess, in dem Cicero als Kläger die Siculer vertritt, die von Verres während seiner Amtszeit brutal ausgeraubt und misshandelt wurden. Gegen übliche Praxis, zuerst den ganzen Prozessstoff in einem Plädoyer aufzuzeigen, begann Cicero bereits in der ersten Verhandlung die Beweise, die er vorher vor Ort selbst beschafft hatte, vorzulegen. Unter dem Druck des belastenden Materials floh Verres nach dieser Rede sofort in das selbstgewählte Exil nach Massilia.

Und bevor ich über den Schaden an Sizilien[1] rede, glaube ich wenige Worte[2] über das Ansehen, das Alter und die Nützlichkeit der Provinz sagen zu müssen.[3] Denn einerseits[4] müsst ihr sorgfältig Rücksicht nehmen auf alle Bundesgenossen und Provinzen[5], andererseits besonders auf Sizilien, Richter, und (zwar) aus sehr vielen[6] und sehr zutreffenden Gründen: erstens[7] weil von allen ausländischen Nationen[8] Sizilien sich als erste[9] der Freundschaft und dem Schutz[10] des römischen Volkes anvertraut hat. Als erste[9] von allen, was für das Reich[11] Ehre bedeutet, ist sie Provinz genannt worden; als erste[9] hat sie unsere Vorfahren gelehrt, wie ruhmvoll es sei[12], über ausländische Völker zu gebieten; als einzige[13] war sie von solcher Treue und Wohlwollen[14] dem römischen Volk gegenüber, dass[15] die Bürgerschaften dieser Insel, die einmal in unsere Freundschaft gekommen waren, niemals später abfielen, die meisten aber und die besonders berühmten andauernd[16] in dieser Freundschaft blieben.

Daher ist für unsere Vorfahren von dieser Provinz aus der Sprung ihrer Herrschaft[11] nach Afrika erfolgt; und nicht wäre die so starke Macht Karthagos so leicht[17] zusammengebrochen, wenn nicht jene[18] sowohl als Stütze für die Getreideversorgung[19] als auch als Zufluchtsort für unsere Flotten[20] offen stünde[21]. Deshalb hat P. Africanus nach der Zerstörung Karthagos[22] die Städte der Sikuler mit den schönsten Statuen und Denkmälern geschmückt, um bei denen Denkmäler des Sieges in großer Zahl aufzustellen, die sich[23] – wie er glaubte – besonders über den Sieg des römischen Volkes freuen. Schließlich hat selbst jener M. Marcellus, dessen Tapferkeit auf Sizilien die Feinde[24], (dessen) Mitleid die Besiegten[24], (dessen) Zuverlässigkeit die übrigen Sikuler[24] kennengelernt haben, in diesem Krieg nicht nur für die Bundesgenossen[25] gesorgt, sondern auch die besiegten Feinde geschont[26].

[1] *Nachteile für Sizilien (gen. obj.)*
[2] *pauca Akk. Pl. Neutr. weniges (= wenige Worte)*
[3] *Gerundivum mit esse im nci*
[4] *cum...tum (≈ et...**et**) – sowohl...als auch besonders aber: tum...cum – dann...wenn*
[5] *rationem → gen. obj. → sociorum und Siciliae*
[6] *Elativ*
[7] *Bei Argumentaufzählungen oft: primum...deinde...tum – erstens, zweitens, drittens*
[8] *gen. partitivus*
[9] *prädikativ, Anapher (1x princeps, 2x prima!)*
[10] *Hendiadyoin*
[11] *imperī (imperii) Kontraktion der beiden auslautenden Vokale*
[12] *docuit Checkliste: → 3. indir. FS (quam...esset)*
[13] *prädikativ, Weiterführung der Anerkennung (prima)*
[14] *abl. qualitatis, Ergänzung zu esse*
[15] *eā fide, ut Konsekutivsatz nach Demonstrativ-Pron.*
[16] *Adverb*
[17] *facile Adv. (einzige Ausnahme der gem. Deklination)*
[18] *illud → provincia:*
   Regel: *Ist das Subj. ein Pronomen, schließt es sich im Genus dem des Prädikatsnomens an.(subsidium)*
[19] *dat. commodi*
[20] *Schöner Chiasmus: die beiden inneren Glieder verdeutlichen die besondere Bedeutung für die äußeren.*
[21] *Irr. Bedingungssatz der Vergangenheit/Gegenwart*
[22] *abl. abs.*
[23] *Rel. Verschr: aci im Rel.-Satz: HV: arbitrabatur quos victoriā populi Romani laetari   aci ↵ diese freuen sich über den Sieg des römischen Volkes. als Rel.-S.: die – wie er glaubte – sich...freuten. oder: von denen er glaubte, dass sie sich...freuten.*
[24] *konstruiere: hostes..., victi..., ceteri...perspexerunt*
[25] *consulere + Dat. – sorgen für*
[26] *temperare (= parcere) + Dat.*

d) de imperio Gnaei Pompei 4 – 6

Bellum grave et periculosum vestris vectigalibus ac sociis a duobus potentissimis regibus infertur, Mithridate et Tigrane, quorum alter relictus, alter lacessitus, occasionem sibi ad occupandam Asiam oblatam esse arbitrantur. Equitibus Romanis adferuntur ex Asia cottidie litterae, quorum magnae res aguntur in vestris vectigalibus exercendis occupatae; qui ad me causam rei publicae periculaque rerum suarum detulerunt: Bithyniae, quae nunc vestra provincia est, vicos exustos esse complures; regnum Ariobarzanis, quod finitimum est vestris vectigalibus, totum esse in hostium potestate; L. Lucullum magnis rebus gestis ab eo bello discedere; huic qui successerit, (eum) non satis esse paratum ad tantum bellum administrandum; unum ab omnibus sociis et civibus ad id bellum imperatorem deposci atque expeti, eundem hunc unum ab hostibus metui, praeterea neminem.

Causa quae sit, videtis: nunc, quid agendum sit, considerate! Primum mihi videtur de genere belli, deinde de magnitudine, tum de imperatore deligendo esse dicendum. Genus est belli eius modi, quod maxime vestros animos excitare atque inflammare ad persequendi studium debeat: in quo agitur populi Romani gloria, quae vobis a maioribus cum magna in omnibus rebus tum summa in re militari tradita est.

Prüfungstexte 77

Anlass zu dieser ersten Staatsrede war die Opposition des Q. Hortensius und Q. Catulus gegen den Antrag des Volkstribunen C. Manilius, den gesamten Oberbefehl für den Krieg gegen den König Mithridates, dem König von Pontus, dem Pompeius zu erteilen. Die Gegner dieses Antrags befürchteten in der Verleihung eines weiteren „imperium extraordinarium" an Pompeius eine zu große Bündelung von Macht in der Hand eines einzigen Mannes und sahen darin eine Gefahr für den Bestand der Republik. Lucius L. Lukullus hatte Mithridates zwar schwere Niederlagen zugefügt, aber nicht endgültig besiegt, da Mithridates zu seinem Schwiegersohn Tigranes geflüchtet war.

Ein schwerer und gefährlicher Krieg wird euren Steuergebieten und Bundesgenossen von zwei sehr mächtigen Königen erklärt[1], Mithridates und Tigranes, von denen der eine nicht völlig besiegt[2], der andere gereizt[2], (beide) glauben, dass ihnen die Gelegenheit geboten worden sei[3], Asien in Besitz zu nehmen[4]. Römischen Rittern, deren bedeutende Vermögenswerte, die in der Eintreibung eurer Steuern festgelegt[5] sind, auf dem Spiel stehen[6], werden täglich Briefe aus Asien (zugestellt) gebracht: diese[7] haben mir die Lage des Staates und die Gefahren für ihr[8] Vermögen dargelegt:[9] Bithyniens[10] Dörfer, das jetzt eure Provinz ist[11], seien in größerer Anzahl[12] eingeäschert worden; das Königreich des Ariobarzanes, das euern Steuergebieten benachbart ist, sei ganz[12] in der Macht der Feinde; L. Lukullus ziehe[13] sich nach großen Taten[14] vom Krieg zurück; wer diesem[15] nachgefolgt sei[16], sei nicht genügend ausgerüstet, um[17] einen so großen Krieg zu führen; einer werde von allen Bundesgenossen und Bürgern für diesen Krieg als Feldherr gefordert und verlangt[18], eben derselbe als einziger[19] von den Feinden gefürchtet[20], sonst niemand. Welchen Grund das hat, seht ihr[21]: Überlegt[22] nun, was man tun muss. Mir scheint, dass man zuerst[23] über die Art des Krieges, dann über seine Größe und dann über die Auswahl[24] des Feldherrn sprechen muss. Die Art des Krieges ist von der Art, dass er[25] besonders euren Mut anspornen und entfachen muss[26] zum Eifer, ihn zu Ende zu führen. In ihm[27] steht der Ruhm des römischen Volkes auf dem Spiel[28], der euch sowohl[30] von den Vorfahren in allen Bereichen in hohem Maße[29], dann aber[30] ganz besonders im Kriegswesen übertragen worden ist.

[1] bellum inferre sociis *(den Bundegenossen den Krieg ins Land tragen)* → den B. den Krieg erklären.

[2] *siehe Einleitungstext*

[3] *besser medial: sich geboten habe/biete.*
[4] *ad + attr. gebr. Gerundivum: Absicht*

[5] *Kapitalanlage, worin? in (in welcher Wirtschaftssparte? in der Steuereintreibung) Gerundivkonstr.*
[6] mea res agitur *(meine Sache wird verhandelt)* ↪ mein Kapital steht auf dem Spiel
[7] *Rel. Satzanschluss.: die römischen Ritter*
[8] suae res: *refl.* → *Subj.:* qui (equites Romani)
[9] *ab hier: oratio obliqua bis Zeile 12*
[10] *vorgezogenes Genitiv-Attribut zu* vicos
[11] *Indikativ, da Einschub Ciceros und nicht der Ritter*
[12] *prädikativ (zur besonderen Betonung)*
[13] aci ← *Aussage in der indir. Rede*
[14] *abl. abs.*

[15] huic (Lukullus) *vorgezogen, da er als Subj. auch im HS vorkommt.*
[16] *Konj. Perf. (indir. Rede)*
[17] *ausgerüstet wozu? attrib. Gerundivkonstr: Absicht*
[18] *Hendiadyoin, beachte die Inf. Präs.* Pass.*-Formen!*
[19] *prädikativ, wegen des aci bezogen auf den Subj.-Akk.*
[20] metui *hier: Inf. Pr. Pass. (aci)*

[21] videtis } *indirekte Fragesätze*
[22] considerate } Kennzeichen: „Fragewort. + Konj."
[23] primum,...deinde,...tum *bei Aufzählungen 1., 2., 3.*

[24] *Trikolon; das 3. Glied ist ausführlicher gestaltet* de imperatore deligendo *(attr. gebr. Gerundivum)*
[25] quod (Neutrum!) *Bez.-Wort ist* bellum
[26] *Konj. im Relativsatz: hier: konsekutiver Sinn* (= ut id...debeat)
[27] *Relativer Satzanschluss*

[28] **Merke:** tua res agitur
deine Sache (Vermögen) steht auf dem Spiel
[29] magna summa *prädikativ zu:* quae (gloria)
[30] cum...tum (≈ et...et) – sowohl...als auch **besonders**

e) de lege agraria II 100 – 102

Qua re, [modo mihi vita suppetat], polliceor hoc vobis, Quirites, bona fide: rem publicam vigilanti homini, non timido, diligenti, non ignavo commisistis. Ego sum is consul, [qui contionem metuam], [qui tribunum plebis perhorrescam], [qui saepe et sine causa tumultuer], [qui timeam, (ne mihi in carcere habitandum sit, (si tribunus plebis duci iusserit)]? Ego [cum vestris armis armatus sim, imperio, auctoritate insignibusque amplissimis exornatus], non horreo in hunc locum progredi, possum vobis, Quirites, auctoribus improbitati hominis resistere, nec vereor, [ne res publica tantis munita praesidiis ab istis vinci aut opprimi possit]. [Si antea timuissem], tamen hac contione, hoc populo certe non vererer. Ex quo intellegi, Quirites, potest nihil esse tam populare quam id, [quod ego vobis in hunc annum consul popularis adfero, pacem, tranquillitatem, otium]. Non modo vos eritis in otio, [qui semper esse in otio volueratis], verum etiam istos, [quibus odio est otium], quietissimos atque otiosissimos reddam. Etenim illis honores, potestates, divitiae ex tumultu atque ex dissensionibus civium comparari solent; vos, [quorum gratia in suffragiis consistit], libertas in legibus, ius in iudiciis et aequitate magistratuum, res familiaris in pace, omni ratione otium retinere debetis.

Prüfungstexte

Zu Beginn seines Konsulats schmetterte Cicero mit 4 Reden ein Ackergesetz ab, das der Volkstribun Servius Rullus im Auftrag von Caesar und Crassus beantragt hatte. Diese erhofften sich, die Ausführung dieses Gesetzes zu steuern und damit erheblichen Machtzuwachs in Rom zu erlangen. Wenn Cicero wusste auch, dass die Vergabe von Staatsland landlosen Bauern geholfen hätte, war seine Sorge, dass dieses Ackergesetz weniger eine echte Sozialreform als eine Plattform für die Machtgier Caesars war, größer als sein soziales Gewissen.

Deshalb[1], solange nur mein Leben ausreicht[2], verspreche ich euch, Quiriten, „auf Ehr und Gewissen[3]" Folgendes: ihr habt den Staat einem wachsamen Menschen, keinem furchtsamen, einem umsichtigen, keinem feigen[4] anvertraut. Bin ich[5] der Konsul, der die Volksversammlung fürchtet[6], der vor einem Volkstribunen zurückschreckt[6,7], der oft und ohne Grund beunruhigt ist[6], der fürchtet[6,8], im Gefängnis wohnen zu müssen, wenn (ihn) der Volkstribun abführen lässt[9]? Da[10] ich mit euren Waffen gerüstet bin, versehen mit dem Oberbefehl, dem Ansehen und den besten Auszeichnungen, scheue ich mich nicht, an diesen Ort zu treten, kann mich mit eurem Beistand[11], Quiriten, der Unverschämtheit (dieses) Menschen widersetzen und fürchte nicht, dass[12] der Staat – durch so große Bollwerke geschützt[13] – von diesen da besiegt und unterdrückt werden kann. Wenn ich vorher Angst gehabt hätte[14], hätte[15] ich dennoch bei dieser Volksversammlung[16], bei diesem Volk[16] keine Angst. Daraus kann erkannt werden[17], Quiriten, dass nichts so volksfreundlich sein kann wie das, was ich euch für dieses Jahr[18] als volksfreundlicher Konsul[19] bringe: (äußeren) Frieden, Ruhe und (inneren) Frieden (äußeren und inneren Frieden und Ruhe)[20]. Nicht nur ihr werdet in Frieden leben[21], die ihr es immer gewollt hattet, sondern ich werde auch die da, denen Frieden verhasst ist[22], äußerst friedlich und ruhig machen[23]. Denn jenen werden gewöhnlich[24] aus Tumult und Bürgerzwist Ehren(-Ämter), Machtbefugnisse und Reichtum bereitgestellt; ihr[25] (aber), deren Einfluss auf Abstimmung beruht, Freiheit auf Gesetzen, Recht auf den Gerichten und Gerechtigkeit der Beamten, Vermögen auf dem Frieden, ihr müsst auf jede Weise[26] (unter allen Umständen) Ruhe (inneren Frieden, geordnete Verhältnisse) bewahren.	[1] *Qua re* rel. Satzanschluss [2] *Konj.: Potentialis* [3] *bona fide* abl. modi [4] Asyndeton, *(seine Eigenschaften sind zur stärkeren Hervorhebung in Gegensätzen jeweils paarweise angeordnet.)* [5] Satzzeichen beachten! Eigentlich fehlt die Fragepartikel „num". [6] Konj. im Rel.-S: (qui tale est, ut ego) = ut ego *(konsek.)* eigentlich ist ego das Subj. der Relativsätze [7] horre**sc**ere, *Verben mit Stammauslaut* **sc** *drücken den Beginn einer Entwicklung aus (z. B. nō**sc**ere,)* horre**sc**ere *erstarren* → horrēre – *schaudern vor;* [8] timeo, nē mihi habitandum sit *(beachte* timeo, nē*!)* *ich fürchte, dass [ich muss wohnen]* [9] iusserit *(Vorzeitig zu* timeam, *Attractio modi)* (eum) _____ duci tribunus plebis iusserit, Subj.-Akk. Inf. Pr. Pass. aci ↵ [10] cum + Konj: *cum causale* [11] vobis auctoribus *(vgl: Cicerone consule)* nom. abl. abs. [12] vereor (timeo), **nē** *ich fürchte,* **dass** *(wünsche, dass nicht)* [13] prädikativ: i. Dt. undekl. Part. oder Kausalsatz Stilform: Hyperbaton: munita *wird durch die umgebenden „Bollwerke"* tantis u. praesidiis *betont.* [14] NS Irrealer Bed.-Satz der Vergangenheit, der im [15] HS als Irrealis der Gegenwart weitergeführt wird. [16] abl. causae [17] auch: *...kann man erkennen* [18] in + Richtungsakk.: <u>für</u> d. Jahr. (*in diesem Jahr ist* <u>*falsch!*</u>) [19] prädikativ, (Subj. ist: ego!) [20] Trikolon, Klimax *(vom äußeren in den inneren Bereich)* [21] eritis in otio: in + abl. locativus [22] dopp. Dativ [23] dopp. Akk.: nach reddere *(wörtl: sie als ... zurückgeben)* *sie zu* <u>*friedlichen*</u> *machen* [24] solent: *im Dt. durch Adverb wiedergeben:* „*werden gewöhnlich Ämter bereitgestellt*" [25] A-syndeton, *ohne Satzverbindung (sed / vero)* *Der Zuhörer muss selber den Wechsel der Blickrichtung erkennen.* [26] abl. modi

f) pro Murena 78 - 79

At enim te ad accusandum res publica adduxit. Credo, Cato, te isto animo venisse; sed tu imprudentia laberis. Ego quod facio, iudices, cum amicitiae dignitatisque L.Murenae gratia facio, tum me pacis, oti, concordiae, libertatis, salutis, vitae denique omnium nostrum causa facere clamo atque testor. Audite, audite consulem, iudices, nihil dicam adrogantius, tantum dicam (me) totos dies atque noctes de re publica cogitantem! Non usque eo L. Catilina rem publicam despexit atque contempsit, ut ea copia, quam secum eduxit, se hanc civitatem oppressurum arbitraretur. Latius patet illius sceleris contagio, quam quisquam putat, ad plures pertinet. Intus, intus, inquam, est equus Troianus; a quo numquam me consule dormientes opprimemini. Quaeris a me, ecquid ego Catilinam metuam? Nihil, et curavi, ne quis metueret, sed copias illius, quas hic video, dico esse metuendas; nec tam timendus est nunc exercitus L.Catilinae quam isti, qui illum exercitum deseruisse dicuntur. Non enim deseruerunt, sed ab illo in speculis atque insidiis relicti in capite atque in cervicibus nostris restiterunt. Hi et integrum consulem et bonum imperatorem natura et fortuna cum rei publicae salute coniunctum de urbis praesidio deici volunt.

Prüfungstexte

Im Konsulatsjahr Ciceros wurden L. Licinius Murena zum Konsul für das Jahr 62 v. Chr. gewählt. Dessen Mitbewerber Servius Sulpicius konnte seine Niederlage nicht verwinden und erhob durch Cato gegen Murena Anklage auf gesetzwidrige Beeinflussung der Wähler. Cicero musste angesichts der politischen Unsicherheit durch die Banden Catilinas, der ja bei der Wahl ebenfalls durchgefallen war, unbedingt verhindern, dass Sulpicius mit seinem Antrag Erfolg hatte. Bei einer Verurteilung Murenas hätte Rom im Jahr 62 v. Chr. nur einen Konsul gehabt, und das hätte wiederum eine erhebliche Schwächung der Widerstandskraft gegen Catilina bedeutet.

Denn dich hat das Staatswohl zur Anklage[1] veranlasst. Ich glaube, Cato, dass du in dieser Absicht gekommen bist; aber du wirst[2] aufgrund deiner Kurzsichtigkeit[3] stolpern. Denn was ich tue, ihr Richter, das tue ich einmal[4] der Freundschaft mit L. Murena und seiner Würde wegen, dann bekenne[5] ich aber besonders, dass ich es des Friedens, der Ruhe, der Eintracht, der Freiheit, des Wohls und schließlich unser aller Leben wegen tue. Hört, hört[6] auf euern Konsul, der sich, ich will nichts allzu hochmütig[7] sagen, aber doch (sagen), dass er sich die ganzen Tage und Nächte hindurch[8] um den Staat Gedanken macht. Nicht soweit[9] hat Catilina den Staat verschmäht und verachtet, dass er glaubte[10], er könne mit der Schar, die er mit sich hinausgeführt hat, den Staat unterdrücken. Weiter[11], als es jemand glaubt, steht die Wirkung[12] jenes Verbrechens offen, auf noch mehr Leute erstreckt sie sich. Drinnen, drinnen, sage ich[13], steht das trojanische Pferd; von ihm[14] werdet ihr niemals, solange ich Konsul bin[15], selbst im Schlaf[16] nicht unterdrückt werden[17]. Du fragst mich, ob ich etwa den Catilina fürchte[18]. Keineswegs[19], und ich habe dafür gesorgt, dass niemand[20] ihn fürchtet (= zu f. braucht), aber ich sage[21], dass man seine Truppen, die ich hier sehe, (durchaus) fürchten muss. Und nicht das Heer des L. Catilina muss man so fürchten, wie diese Leute, die –wie man sagt[22]- jenes Heer verlassen haben. Denn sie haben es nicht verlassen, sondern sind von ihm auf der Lauer und in Schlupfwinkeln zurückgelassen und sitzen[23] uns nun auf Kopf und Nacken. Diese wollen[24], dass ein treuer Konsul und ein guter Feldherr, der aufgrund seines Wesens und Schicksals mit dem Wohl des Staates verbunden ist, vom Schutz unserer Stadt[25] abgezogen (gestürzt) wird.	[1] *Gerundium* [2] laberis *(Präsens) oder* labēris *(Futur)* [3] *abl. causae* [4] cum...tum (= et....**et**) – sowohl...als auch <u>besonders</u> [5] clamo atque testor *Hendiadyoin* [6] audite, audite *Iteratio* audite + Akk.-Obj. mit attributiv gebr. Part. (cogitant**em**) *oder:* ↳acp: <u>consulem</u> ... <u>de re publica</u> <u>cogitantem</u> [7] arrogantius *Komparativ Akk. S. N. oder des Adverbs* [8] totos dies *Akk. der zeitlichen Ausdehnung (wie lange?)* [9] usque ad *– bis zu (hier: statt ad + Akk.:* eō *– bis dorthin)* [10] arbitraretur *Konsekutivsatz* ↳aci: <u>se</u> ... <u>oppressurum (esse)</u> *Ellipse* [11] latius *Komparation. des Adv.* latus *– breit* [12] contagio (tangere *– berühren)–Berührung, Ansteckung* [13] *Alliteration* [14] *Relat. Satzanschluss* [15] *nominaler Abl.abs.* „unter meinem Konsulat" [16] *PC, bezogen auf* vos, *konzessiver Sinn:* *auch wenn ihr schlaft* [17] opprim-**e**-mini *Futur!* [18] ecquid ~ num *ob etwa Indir. Fragesatz* [19] nihil *hier adverbial gebraucht (entspricht* minime) [20] *„Nach* si, nisi, nē, num, *fällt das kl.* **ali**- um!" → nē (ali)quis *(damit nicht irgendeiner), damit niemand* [21] dico → aci <u>copias</u> ..<u>metuendas esse</u>; *Gerundivkonstr.* [22] Qui exercitum deseruisse dicuntur *(3. Pl. also Subj.* qui) *Tipp:* *Übers. Relat. Satzverschr. als selbständigen Satz!* *Wichtigste Info ist der aci / nci → selbständiger Satz:* *Diese haben...verlassen* dicuntur → *Parenthese* *die - wie man sagt – das Heer verlassen haben.* [23] restitērunt: *Perf. zu* resistere *– zurückbleiben* [24] volunt ↳aci <u>consulem</u> <u>cum salute coniunctum</u> ... <u>deici</u> [25] urbis *gen. obiectivus*

g) pro Sulla 27 – 29

Meis de rebus tam claris, tam immortalibus, iudices, hoc possum dicere, me, qui ex summis periculis eripuerim urbem hanc et vitam omnium civium, satis adeptum fore, si ex hoc tanto in omnes mortales beneficio nullum in me periculum redundaverit.

Etenim in qua civitate res tantas gesserim, memini, in qua urbe verser, intellego. Plenum forum est eorum hominum, quos ego a vestris cervicibus depuli, a meis non removi. Nisi vero paucos fuisse arbitramini, qui conari aut sperare possent se tantum imperium posse delere. Horum ego faces eripere de manibus et gladios extorquere potui, voluntates vero consceleratas ac nefarias nec sanare potui nec tollere. Quā rē non sum nescius, quanto periculo vivam in tanta multitudine improborum, cum aeternum bellum cum omnibus improbis esse mihi uni susceptum videam.

Quodsi meis praesidiis forte invides, et si id tibi regium (esse) videtur, quod omnes boni omnium generum atque ordinum suam salutem cum mea coniungunt, consolare te, quod omnium mentes improborum mihi uni maxime sunt infestae et adversae! Qui me non modo idcirco oderunt, quod eorum conatus impios repressi, sed eo etiam magis, quod nihil se simile me vivo conari posse arbitrantur.

Prüfungstexte

Cicero war nach der Hinrichtung der Catilinarier immer mehr in die Defensive geraten. Da bot sich ihm die Gelegenheit, die Verteidigung eines Mannes zu übernehmen, der angeklagt war, an der catilinarischen Verschwörung beteiligt gewesen zu sein. Cicero glaubte, es sei für ihn politisch günstig, wenn er die Verteidigung übernehme. Am Anfang dieser Rede begründet er, warum er die Verteidigung übernommen habe.

Über meine so glänzenden und unvergänglichen Taten, ihr Richter, kann ich Folgendes sagen, dass ich, der ich (da ich)[1] diese[2] Stadt und das Leben aller Bürger aus den schwersten Gefahren errettet habe, genug erlangt haben werde[3], wenn aus diesem so großen Verdienst allen Menschen gegenüber[4] keine Gefahr auf mich „zurückgeflutet" ist[5]. Denn in welcher Bürgerschaft ich so Außerordentliches vollbracht habe, bin ich mir bewusst[6], in welcher Stadt ich mich aufhalte, weiß ich[7]. Das Forum ist voll von[8] den Menschen, die ich euch vom Halse geschafft habe,[9] von meinem aber[10] nicht (geschafft habe). Glaubt aber nicht[11], es seien nur wenige gewesen, die versuchen oder hoffen konnten[12], ein derartiges Reich zerstören zu können. Deren Fackeln habe ich aus ihren Händen entreißen und die Schwerter entwinden[13] können, ihre verbrecherische und ruchlose Gesinnung[14] aber habe ich weder heilen noch beseitigen können. Deswegen weiß ich genau[15], in welcher Gefahr ich in einer so großen Menge schlechter Menschen lebe, da ich sehe, dass ein ewiger Krieg mit allen Frevlern von mir allein aufgenommen worden ist[16]. Wenn du mich aber zufällig um meine Schutztruppen beneidest[17], und du es für tyrannisch hältst, dass[18] alle Rechtschaffenen aller Stände ihr Heil mit dem meinen verbinden, dann tröste[19] dich, dass die Gesinnung aller Schlechten mir als einzigem[20] äußerst feindlich und bedrohlich[21] sind. Diese[22] hassen mich nicht nur deshalb, weil ich ihre ruchlosen Anschläge zurückgedrängt habe, sondern auch um so[24] mehr, weil sie glauben, dass sie, solange ich lebe[25], nichts derartiges versuchen können.	[1] *Rel.-Satz im Konj:* qui + Konj! *Begründung:*
	   1. Kausaler Nebensinn: me, cum ego ... eripuerim
	   2. NS in der oratio obliqua!
	[2] hanc *gibt das Umfeld des Sprechers (1. Pers.) an:*
	   „diese unsere Stadt"
	[3] adeptum *(PPA) drückt die Abgeschlossenheit aus;*
	   fore = futurum esse *verlegt diesen Zustand in die Nachzeitigkeit.*
	[4] in + *Akk.: Richtungsakkusativ: gegen*
	[5] *Fut. II;* redundare: *Metapher*
	[6] memini *Verbum defectivum: (Perf.-Endg.→Präs.Bed.)*
	   ↳ ind.FS → in qua c. gesserim *(Kj. Perf.: vorzeitig)*
	[7] intellego,
	   ↳ ind.FS → in qua urbe verser *(Kj. Präs. gleichztg.)*
	[8] *gen. obiectivus nach: begierig, kundig, eingedenk, teilhaftig, mächtig, voll*
	[9] *Metapher*
	[10] *Asyndeton*
	[11] Nisi vero arbitramini *statt verneinten Imperativs*
	[12] qui + Konj: *Begründung:*
	   1. qui tales essent, ut ii possent *(konsek. Nebensinn)*
	   2. NS innerhalb des aci: Modus ≈ oratio obliqua
	[13] *Metapher*
	[14] voluntates *i. Lat.: Pl. analog zur Anzahl der Besitzer*
	[15] non sum nescius *dopp. Verneinung*
	   = *verstärkte Bejahung (Litotes)*
	   ↳ ind. FS (quanto...vivam)
	[16] bellum mihi uni *(prädikativ)*... susceptum est
	   ein Krieg ist mir als einzigem aufgenommen worden
	   → *ich als einziger habe einen Krieg aufgenommen.*
	[17] *i. Lat.: du schaust neidisch auf meine Schutztruppen.*
	[18] ea *(Nom. Pl. N.)* → quod-Satz *faktisches quod:*
	   die Tatsache, dass
	[19] *Imperativ der Deponentien im Sing.:*
	   Die Form entspricht dem Infinitiv „normaler" Verben
	[20] uni *ist Prädikativum zu* mihi
	[21] infestae et adversae: *Hendiadyoin*
	   (im Dt. durch adverbialen Ausdruck verstärkt)
	[22] *Rel. Satzanschluss*
	[23] oderunt: *Verbum defectivum: Perfekt-Endung →*
	   Präsentische Bedeutung
	[24] eo magis: *Komparativ mit abl. mensurae* eo, *oft*
	   multo magis)
	[25] me vivo *nominaler abl. abs.*

h) pro Sestio 98 - 100

Otiosae dignitatis haec fundamenta sunt, haec membra, quae tuenda principibus et vel capitis periculo defendenda sunt: religiones, auspicia, potestates magistratuum, senatus auctoritas, leges, mos maiorum, iudicia, iuris dictio, fides, provinciae, socii, imperi laus, res militaris, aerarium. Harum rerum tot atque tantarum esse defensorem et patronum magni animi est, magni ingeni et magnaeque constantiae. Etenim in tanto civium numero magna multitudo est eorum, qui aut propter metum poenae peccatorum suorum conscii novos motus et conversionesque rei publicae quaerant, aut qui propter insitum quendam animi furorem discordiis civium ac seditione pascantur, aut qui propter implicationem rei familiaris communi incendio malint quam suo deflagrare.
Qui cum tutores sunt et duces suorum studiorum vitiorumque nacti, in re publica fluctus excitantur, ut vigilandum sit iis, qui sibi gubernacula patriae depoposcerunt, enitendumque omni scientia ac diligentia ut conservatis iis, quae ego paulo ante fundamenta ac membra esse dixi, tenere cursum possint et capere oti illum portum et dignitatis.
Hanc ego viam, iudices, si aut asperam atque arduam aut plenam esse periculorum aut insidiarum negem, mentiar, praesertim cum id non modo intellexerim semper, sed etiam praeter ceteros senserim.

Prüfungstexte 85

In seiner Verteidigungsrede für Sestius, der wegen Gewaltanwendung während seines Tribunats angeklagt war, ergreift Cicero bei der Anfrage des Anklägers, was denn „nostra natio optimatium" sei, die Gelegenheit für einen längeren Exkurs über das politische System in Rom, seine Geschichte, seine Größe, aber auch über seine persönliche Einstellung zu diesem System.

Dies sind die Grundlagen, dies die Elemente einer Würde in Frieden, die von den führenden Männern geschützt[1] oder sogar unter Lebensgefahr[2] verteidigt werden müssen: religiöse Einrichtungen, Auspizien, Machtbefugnisse der Beamten, Ansehen des Senats, Gesetze, Sitten der Vorfahren, Prozesswesen, Rechtsprechung, Treue (-verhältnisse), Provinzen, Verbündete, Ruhm unserer Herrschaft, Militärwesen und die Staatskasse. Für diese vielen und großen Werte[3] Verteidiger[4] und Beschützer zu sein, ist Zeichen großen Mutes[5], großer Begabung und großer Standfestigkeit. Denn in einer so großen Zahl an Bürgern[6] ist die Menge derer[6] groß, die aus Furcht vor Strafe[7] im Bewusstsein ihrer Vergehen[8] Veränderungen und Umstürze für den Staat[9] suchen[10], die sich aus einem geradezu angeborenem Wahnsinn[11] an Uneinigkeit der Bürger und Aufruhr[12] weiden oder die auf Grund von Verwicklungen des Privatvermögens (verworrener finanziellen Verhältnisse) lieber in einem gemeinsamen Brand als in ihrem eigenen untergehen wollen. Wenn diese[13] Beschützer und Führer für ihre lasterhaften Interessen[14] gefunden haben, werden im Staat Sturmfluten[15] erregt[16], so dass diejenigen, die das Steuerruder[15] des Vaterlandes gefordert haben, wachsam sein müssen[17] und sich mit allem Wissen und aller Sorgfalt anstrengen müssen[17], damit[19] sie die Werte bewahren[18], die – wie ich kurz vorher[20] ausgeführt habe – die Fundamente und Elemente sind, (und) (so) den Kurs halten und jenen Hafen[21] des Friedens und der Würde erreichen können. Falls[13] ich leugnen sollte[22], dass dieser Weg entweder hart und steil oder voll hinterhältiger Gefahren[23] ist, würde ich lügen, besonders da[24] ich das nicht nur immer erkannt, sondern auch mehr als[25] die anderen (am eigenen Leibe) gespürt habe.	[1] *tuenda Gerundīvum + esse Nom.Pl. N. + Dat. auct.*
	    (prädikatier Gebrauch des Gerundivums)
	[2] *periculo (abl. modi) capitis (gen. obj. – Gefahr für)*
	
	[3] *gen. obj. (er verteidigt wen/was? (Obj.))*
	[4] *defensorem esse – Verteidiger zu sein*
	   Regel: Steht bei esse (als unabhängig gebr. Infinitiv) ein Prädikatsnomen, dann steht es im Akkusativ.
	[5] *magni animi est gen. poss. – es ist ein Zeichen von, es zeigt / verrät ....*
	   Regel: *Fehlt bei esse das Nomen zum Genitiv-Attribut, so ergänze ein Signalwort:* **signum** *oder* **officium**.
	[6] *gen. partitivus*
	[7] *gen. obj. (er fürchtet wen/was? (Objekt))*
	[8] *gen. obj. nach Adj.: begierig, kundig, eingedenk...*
	[9] *dat. in-commodi (zum Nachteil des Staates)*
	[10] *Rel.-Satz im Konj.: qui tales sunt, ut ii (konsek. Sinn)*
	[11] *Hyperbaton; istum furorem „umklammert" den Geist*
	[12] *abl. instr.*
	[13] *Relativer Satzanschluss (qui = ii)*
	    steht immer vor *der Konjunktion*
	[14] *Hendiadyoin*
	[15] *Metapher, gemeint sind Unruhen* wie *Sturmfluten, Lenkung des Staates* wie *das Steuerruder*
	[16] *auch medial möglich: werden sich Fluten erheben*
	[17] *Gerundīv-K. bei esse + dat. auctoris*
	[18] *abl. abs. hier: ins Aktiv umgeformt und dem Prädikat des RS beigeordnet*
	[19] *Finalsatz (Zielsetzung)*
	[20] *ante (Adv.) mit abl. mensurae; (vgl. paulo post)*
	[21] *Metapher: Bild einer friedensbringenden Staatsführung* <u>*Hyperbaton*</u>*: die beiden Gen.-Attribute (als Zeichen des verdienten Friedens) umgeben schützend den Hafen als ersehntes Ziel*
	[22] *Potentialer Bedingungssatz*
	[23] *Hendiadyoin*
	[24] *cum causale (m. Konj.)*
	[25] *praeter:* → *über...hinaus*
	           → *mehr als...*

i) de haruspicum responso 45 – 46

Iniecta fax est foeda ac luctuosa rei publicae. Petita est auctoritas vestra, gravitas amplissimorum ordinum, consensio bonorum omnium, totus denique civitatis status. Haec enim certe petebantur, cum in me cognitorem harum omnium rerum illa flamma illorum temporum coniciebatur. Excepi et pro patria solus exarsi, sic tamen, ut vos isdem ignibus circumsaepti me primum ictum pro vobis et fumantem videretis. Non sedabantur discordiae, sed etiam crescebat in eos odium, a quibus nos defendi putabamur. Ecce: isdem auctoribus, Pompeio principe, qui cupientem Italiam, flagitantes vos, populum Romanum desiderantem non auctoritate sua solum, sed etiam precibus ad meam salutem excitavit, restituti sumus. Sit discordiarum finis aliquando! A diuturnis dissensionibus conquiescamus! Non sinit eadem ista labes; eas habet contiones, ea miscet ac turbat, ut modo se his, modo vendat illis, nec tamen ita, ut se quisquam, (si ab isto laudatus sit), laudatiorem putet, sed ut eos, (quos non amant), ab eodem gaudeant vituperari! Atque ego hunc non miror - quid enim faciat aliud? - illos homines sapientissimos gravissimosque miror, quod quemquam clarum hominem atque optime de re publica saepe meritum impurissimi voce hominis violari facile patiuntur.

In einer Rede vor den römischen Senatoren warnt Cicero vor den Machenschaften seines politischen Gegners Clodius, der ihn damals in die Verbannung getrieben hat. Selbst dem innenpolitisch sehr einflussreichen Pompeius gelingt es schon seit mehreren Jahren nicht mehr, den Bandenterror des Clodius und dessen tägliche Agitation in Rom in den Griff zu bekommen

Hineingeworfen ist[3] eine hässliche und für den Staat[2] verheerende Fackel[1]. Angegriffen ist[3] euer Ansehen, das Gewicht der höchsten Stände, die Übereinstimmung aller Guten, schließlich[4] der gesamte Zustand (Verfassung) des Staates. Dieses[5] nämlich wurde sicher angegriffen[6], als[7] gegen mich als den Kenner[8] all dieser Dinge[9] jene Flamme[1] jener Zeiten geschleudert wurde[6]. Ich habe (sie) aufgefangen[3] und bin allein[10] für das Vaterland in Brand geraten[3], dennoch so, dass[11] ihr, die ihr von denselben Feuern[1] umgeben wart[12], saht[13], dass ich als erster[10] geschlagen wurde und in Rauch stand[1]. Die Streitigkeiten wurden nicht zur Ruhe gebracht[6], sondern es wuchs[6] sogar der Hass gegen die, von denen[14] man glaubt, dass wir geschützt würden. Unter dem Einfluss[15] derselben Leute, Pompeius an erster Stelle, der Italien, das (meine Rückkehr) ersehnte, euch, die ihr danach branntet, das römische Volk[16], das sie ersehnte, nicht allein durch seinen Einfluss, sondern auch (gerade) durch seine Bitten für meine Rettung anspornt hat[3], bin ich wieder hergestellt worden[3]. Möge endlich ein Ende aller Streitigkeiten sein[17]! Von den täglichen Streitereien lasst uns zur Ruhe kommen[18]! Dieser Schandfleck da lässt es nicht zu[19]: er hält diese Versammlungen ab, bringt dieses durcheinander und stiftet Unruhe, so dass[20] er sich bald bei diesen, bald bei jenen anbiedert, und dennoch nicht so, dass[20] irgendeiner[21] glaubt, er sei in höherem Maße lobenswert, wenn er von diesem gelobt wird[22], sondern dass die Menschen sich freuen, dass die, die sie nicht lieben, von demselben getadelt werden. Und ich wundere mich nicht über diesen, – was soll er auch anderes tun[23]? – ich wundere mich über jene sehr weisen und gewichtigen[24] Leute, weil sie es leicht(fertig)[25] dulden, dass irgendjemand, der ein bedeutender Mann ist und sich sehr um das Vaterland verdient gemacht hat[26], durch die Stimme eines äußerst unreinen Menschen[27] verletzt wird.	[1] *fax, flamma* *Metapher* [2] *dat. commodi* [3] *Perf. → Feststellung, Wertung → i. Dt. auch Perfekt* [4] *auctoritas, gravitas, consensio Trikolon als Klimax, zusammengefasst in „totus denique status"* [5] *Haec Neutrum Pl. (auf alle 4 Wertbegriffe bezogen)* [6] *Imperf. → wdh. Handlung, Versuch i. Dt. auch Imperf. „imperfectum de conatu"* [7] *cum iterativum (jedes Mal, wenn...)* [8] *cognitorem prädikativ zu „in me"* [9] *gen. objektivus* [10] *solus prädikativ* [11] *ut Konsekutivsatz* [12] *vos ... circumsaepti PC* [13] *videretis me ictum et fumantem ↳acp* [14] *Rel. Satzverschränkung* [15] *isdem auctoribus, Pompeio principe nominaler abl. abs.* [16] *Trikolon* [17] *Optativus* [18] *Hortativus* [19] *labes, is f (= Clodius) Metapher* [20] *ut Konsekutivsatz* [21] *substantivisch gebrauchtes Indefinitpronomen bei negiertem Sinn* [22] *laudatus sit (Konj.: innerlich abhängig von putet)* [23] *faciat: Konj. dubitativus* [24] *Elativ* [25] *facile Adverb zu facilis (hier: Adv.-Bildung auf –e, einzige Ausnahme der gemischten Deklination!)* [26] *Cicero meint sich selbst!* [27] *Clodius!*

j) pro Marcello 8 – 10

Domuisti gentes immanitate barbaras, multitudine innumerabiles, locis infinitas, omni copiarum genere abundantes: sed tamen eas vicisti, [quae et naturam et condicionem, (ut vinci possent), habebant]. Nulla est enim tanta vis, [quae non ferro et viribus debilitari frangique possit]. Animum vincere, iracundiam cohibere, victoriam temperare, adversarium nobilitate, ingenio, virtute praestantem non modo extollere iacentem, sed etiam amplificare eius pristinam dignitatem, [haec qui fecit], non ego eum cum summis viris comparo, sed simillimum deo iudico. Itaque, C. Caesar, bellicae tuae laudes celebrabuntur quidem non solum nostris, sed paene omnium gentium litteris atque linguis, nec ulla umquam aetas de tuis laudibus conticescet. Sed tamen eius modi res nescio quo modo, etiam [cum leguntur], obstrepi clamore militum videntur et tubarum sono. At vero [cum aliquid clementer, mansuete, iuste, moderate, sapienter factum - in iracundia praesertim, (quae est inimica consilio), et in victoria, (quae natura insolens et superba est) - audimus aut legimus], quo studio incendimur, [ut eos saepe, (quos numquam vidimus), diligamus]!
Te vero, [quem praesentem intuemur], [cuius mentem sensusque et os cernimus, [ut, (quicquid belli fortuna reliquum rei publicae fecerit), id esse salvum velis], quibus laudibus efferemus?

Prüfungstexte

M. Claudius Marcellus hatte sich 48 v. Chr. dafür eingesetzt, dass Caesar frühzeitig aus Gallien abberufen werden sollte. Später – nach Caesars Sieg über Pompeius – ging Marcellus in die Verbannung und wurde u.a. auf Ciceros Bitten im Jahr 45 v. Chr. von Caesar begnadigt. Dies dankt Cicero in einer überschwänglichen Dankrede.

Du hast Völker bezwungen[1] – barbarisch an Rohheit[2], unzählbar an Zahl[2], grenzenlos an Landgebieten[2] und überfließend an jeder Art[2] von Truppen. Aber dennoch hast du die besiegt, die einen natürlichen Vorteil[3] aufwiesen, so dass[4] sie besiegt werden konnten. Denn keine Macht ist so groß, dass[5] sie nicht durch Schwert (Eisen) und Gewalt geschwächt und gebrochen[3] werden kann. Den (eigenen) Geist zu besiegen, seinen Zorn zu zügeln, den Sieg maßvoll auszunützen, einen Feind, der sich durch Adel, Begabung und Tüchtigkeit auszeichnet[7], nicht nur aufzurichten, wenn er am Boden liegt[8], sondern sogar seine[9] alte Würde zu vergrößern, wer dies gemacht hat, den vergleiche[6] ich nicht (nur) mit den größten Männern, sondern halte ihn für göttergleich[10]. Daher werden, C. Caesar, deine kriegerischen Ruhmestaten[11] freilich nicht nur durch unsere, sondern durch Briefe und Worte[12] beinahe aller Völker[13] gefeiert werden, und kein Zeitalter wird jemals[14] verstummen[15] über deine Ruhmestaten[11]. Aber dennoch scheinen Taten dieser Art irgendwie[16] – auch wenn[17] sie nur gelesen werden – durch den Lärm der Soldaten und durch den Ton der Tuben[18] übertönt zu werden. Wenn[17] wir aber hören oder lesen, dass[19] irgendetwas milde, schonend, gerecht, maßvoll und weise[20] ausgeführt worden ist – zumal im Zorn, der einem (klugen) Rat feindlich ist, und in Siegeslaune, die von Natur aus übermütig und stolz ist – von welchem[21] Eifer werden wir (dann) entflammt, oft die, die wir niemals gesehen haben, zu lieben! Mit welchen Lobsprüchen aber werden wir dich[22], den wir hier persönlich (gegenwärtig)[23] sehen und auf dessen Gesinnung, Gefühle und Antlitz wir unser Augenmerk richten, emporheben, damit du gewillt bist, dass das, was auch immer das Kriegsglück unserem Staat noch übrig gelassen hat, gerettet werde?	[1] *Perf. (Feststellung, Wertung)* → *im Dt. auch Perfekt!*
	[2] *abl. limitationis, Asyndeton*
	
	[3] *Hendiadyoin*
	[4] *Konsekutivsatz*
	[5] *quae Konj. im Rel.-Satz* = ut ea *(konsekut. Nebens.) auch potentialer Sinn möglich: geb. werden* <u>könnte</u>.
	[6] *Zur Satzanalyse:*
	    eum non comparo, sed (eum) iudico.
	    ↳ [qui haec fecit] wen/was? ↵
	Regel: Ein Rel.-Satz kann die Subj.- oder Objektstelle eines Satzes ersetzen.
	Animum vincere, .. cohibere, .. extollere,
	[7] *Eigenschaft, also attributiv (Rel.-Satz)*
	[8] *adverbial, also prädikativ (Adverbial-S.; Temporal)*
	[9] = *dessen,* <u>nicht reflexiv!</u>
	[10] (eum) simillimum iudico *dopp. Akkusativ*
	[11] laus, laudis f – *Lob, Ruhm (abstrakter Begriff)* laudes, laudum f – *Lobsprüche, Ruhmestaten (konkr.)*
	[12] **litt**eris atque **ling**uis *Alliteration*
	[13] omn**ium** gent**ium** *Homoioteleuton*
	[14] nec = neque ulla aetas *und (nicht =) kein Zeitalter adjektivisch gebr. Indefinitpron. bei negiertem Sinn*
	[15] *Verben auf -sc- drücken den Beginn eines späteren Zustands aus:* contice**sc**o *Beginn des späteren* taceo: *verstummen*
	[16] nescio ↳*ind. FS*
	    quo modo (erg: fiat) *ich weiß nicht, wie (es geschieht)*
	    → nescio, quo modo – *irgendwie (feststehender Ausdruck)*
	[17] *cum + Ind.: hier iterativ: jedes Mal, wenn*
	[18] *Chiasmus:* clamore militum
	                    tubarum sono
	[19] <u>audimus</u> ↳aci: <u>aliquid ... factum</u> (erg.) esse *(Ellipse)*
	[20] *fünf Adverbien!*
	[21] quo studio incendimur! *Verwendung des Interrogtivpronomens oft bei Ausrufen des Erstaunens. (Vgl. im Dt.: z.B.* <u>Welches</u> *Unglück haben wir erlebt!)*
	[22] <u>Satzanalyse</u>: Te *(2 Rel.S.)* quibus laudibus <u>efferemus</u>?
	    [quem...],[cuius...] *(Fut.!)*
	    final [ut ... <u>id esse salvum velis</u>]
	                            aci ↵
	    (quicquid fortuna reliquum fecerit)
	    was auch immer das Glück übrig gelassen hat
	                (Kj. Perf.) (Attractio modi)
	[23] praesentem: *prädikativ zu* quem (=C) –*anwesend sein*

k) pro Marcello 30 – 32

Diversae voluntates civium fuerunt, distractaeque (et) sententiae. Non enim consiliis solum et studiis, sed armis etiam et castris dissidebamus. Erat enim obscuritas quaedam; erat certamen inter clarissimos duces: multi dubitabant, [quid optimum esset], multi, [quid sibi expediret], multi [quid deceret], non nulli etiam, [quid liceret]. Perfuncta res publica est hoc misero fatalique bello: vicit is, [qui non fortuna inflammaret odium suum, sed bonitate leniret; neque (vicit is,) [qui] omnes, [quibus iratus esset], exsilio aut morte dignos (esse) iudicaret]. Arma ab aliis posita, ab aliis erepta sunt. Ingratus est iniustusque civis, [qui armorum periculo liberatus animum tamen retinet armatum], [ut etiam ille melior sit, (qui in acie cecidit, qui in causa animam profudit)]. [Quae enim pertinacia quibusdam], eadem aliis constantia videri potest.
Sed iam omnis fracta dissensio est armis, exstincta aequitate victoris: restat, [ut omnes unum velint, (qui modo habent aliquid non solum sapientiae, sed etiam sanitatis)]. [Nisi tu, C. Caesar, in ista sententia, (qua cum antea tum hodie vel maxime usus es), manebis], salvi esse non possumus. Quā rē omnes tē, [qui haec salva esse volumus], et hortamur et obsecramus, [ut vitae tuae et saluti consulas].

Prüfungstexte 91

Auch dieser Text stammt aus der Rede „pro Marcello", in der Cicero den Caesar mit Komplimenten überhäuft, besonders seine „clementia" würdigt und seine Mitbürger auffordert, mit Dankbarkeit die Zeit des Friedens auszukosten.

Verschieden sind die Wünsche der Bürger gewesen[1], entzwei die Meinungen. Wir standen auf verschiedenen Seiten nicht nur auf Grund unserer Pläne[2] und Bemühungen, sondern auch hinsichtlich der Waffen und des Lagers. Denn es gab[3] eine gewisse Dunkelheit; es herrschte ein Wettkampf unter den bedeutendsten Führern: Viele zweifelten, was das beste sei[4], viele, was ihnen zuträglich sei[4], viele, was sich zieme[4], einige sogar, was erlaubt sei[4]. Der Staat hat diesen elenden und verhängnisvollen Krieg überstanden[5]: gesiegt hat der, der nicht auf Grund seines Glücks[6] (Schicksals) seinen Hass entflammte, sondern, durch Güte[7] linderte, und nicht hat der gesiegt, der urteilte[9], dass alle, denen er gezürnt habe, der Verbannung und des Todes würdig[10] seien. Waffen wurden von den einen abgelegt, von den anderen ergriffen. Undankbar und ungerecht ist ein Bürger, der, obwohl befreit[11] von der Gefahr der Waffen, dennoch seine militante Gesinnung zurückhält, so dass[12] auch jener besser ist, der in der Schlachtreihe gefallen ist[13], der für seine Sache sein Leben[14] hingab. Was[15] gewissen Leuten als Hartnäckigkeit erscheinen kann, dasselbe[15] kann anderen als Standhaftigkeit erscheinen. Schon ist alle Zwietracht durch Waffen gebrochen, durch die Gerechtigkeit des Siegers getilgt: übrig bleibt, dass alle das eine wollen, die nur irgendetwas nicht nur an Weisheit[16] sondern auch an Gesundheit besitzen. Wenn du nicht in dieser Meinung bleibst, Caesar, die[17] du zum einen[18] früher, dann heute ganz besonders vertreten hast, können wir nicht gesund sein. Daher[19] ermahnen und beschwören[20] wir alle dich, die wir wollen, dass dies alles gesund ist, dass du für dein Leben und dein Wohlergehen sorgst[21].	[1] *Perf.(→ Feststellung) → i. Dt. auch Perfekt!* [2] *abl. causae oder abl. limitationis* [3] *Imperfekt (→ Zustand) → im. Dt. auch Imperfekt* [4] *Indirekter Fragesatz, im Dt. Konj. Präsens* [5] *perfungi + abl. (bello), Deponens!* [6] *fortunā abl. causae* [7] *bonitate abl. instr.* [8] *konj. Rel.-Satz hier: konsek. Nebensinn* [9] *iudicare mit aci (ergänze: esse) oder dopp. Akk.* [10] *dignus + abl. instr.* [11] *PC mit konzessiver Sinnrichtung* [12] *Konsekutivsatz* [13] *cadere, cado, cécidi – fallen* [14] *anima, ae f – Seele, Atem (synonym für Leben)* [15] *Quae hier: Nominativ Sg f, kongruent zu pertinacia dopp. Nom. nach videri* *Eadem hier: Nominativ Sg f → constantia* [16] *sapientiae genitivus partitivus* [17] *quā .. usus es uti + abl. instr.* [18] *cum...tum (~ et...**et**) – sowohl...als auch **besonders*** [19] *Quā re rel. Satzanschluss – deshalb* [20] *Hendiadyoin* [21] *consulere + Dat. – sorgen für*

1) **Philippica IV 11 – 13**

Reliquum est, Quirites, ut vos in ista sententia, quam prae vobis fertis, perseveretis. Faciam igitur, ut imperatores instructa acie solent, (quamquam paratissimos milites ad proeliandum videant, ut eos tamen adhortentur), sic ego vos ardentes ad libertatem recuperandam cohortabor. Non est vobis, Quirites, cum eo hoste certamen, cum quo aliqua pacis condicio esse possit. Neque enim ille servitutem vestram ut antea, sed iam iratus sanguinem concupivit. Nullus ei ludus videtur esse iucundior quam cruor, quam caedes, quam ante oculos trucidatio civium. Non est vobis res, Quirites, cum scelerato homine ac nefario, sed cum immani taetraque belua, quae, quoniam in foveam incidit, obruatur. Si enim illinc emerserit, nullius supplicii crudelitas erit recusanda. Numquam maior consensus vester in ulla re fuit, numquam tam vehementer cum senatu consociati fuistis. Nec mirum: agitur enim, non qua condicione victuri, sed victurine simus an cum supplicio ignominiaque perituri. Quamquam mortem quidem natura omnibus proposuit, crudelitatem mortis et dedecus virtus propulsare solet, quae propria est Romani generis et seminis.

Nach der Ermordung Caesars war in den Augen der Konservativen – besonders für Cicero – die Chance gegeben, die alte res publica libera wiederherzustellen. Diese Hoffnung schien sich nicht zu erfüllen, als M. Antonius die Nachfolge Caesars beanspruchte. Cicero fühlte sich berufen, an der Spitze des Senats die Republik gegen Antonius zu verteidigen und zwar mit der Waffe, die er am besten beherrschte: dem Wort.
*In 14 **„Philippischen Reden"** (genannt nach dem Vorbild der 14 „Philippischen Reden", mit denen Demosthenes die attische Demokratie gegen Philipp von Makedonien hatte retten wollen) griff Cicero Antonius heftig an und versuchte so, die res publica zu retten.*

Übrig bleibt noch[1], Quiriten, dass ihr bei der[2] Meinung, die ihr zur Schau tragt, bleibt. Ich werde es machen, wie die Feldherren es nach Aufstellung der Schlachtreihe[3] (zu tun) pflegen, dass sie, obwohl sie die Soldaten zum Kampf[4] fest entschlossen[5] sehen, diese dennoch anfeuern; so werde ich euch, die ihr (darauf) brennt[6], die Freiheit wiederzuerlangen[7], aufmuntern. Nicht steht ihr im Kampf (ist euch[8] ein Kampf) mit einem solchen Feind, mit dem irgendeine Friedensbedingung sein kann[9]. Denn jener hat nicht nach eurer Knechtschaft wie früher verlangt, sondern schon in Wut (geraten)[10] nach euerm Blut. Kein Schauspiel scheint ihm angenehmer als Blutvergießen, als Gemetzel, als das Abschlachten der Bürger[11] vor (seinen) Augen. Ihr habt es, Quiriten, nicht mit einem verbrecherischen und ruchlosen Menschen zu tun[12], sondern mit einer furchtbaren und abscheulichen Bestie[13], so dass sie, da sie in eine Grube gefallen[14] ist, zugeschüttet werden sollte[15]. Wenn er nämlich von dort auftaucht[16], wird man die Grausamkeit keiner Strafe zurückweisen dürfen[17]. Niemals ist eure Einigkeit in irgendeiner Sache größer gewesen, niemals[18] seid ihr so eng mit dem Senat verbunden gewesen. Und das ist kein Wunder: denn es geht darum[19], nicht unter welcher Bedingung wir leben werden[20], sondern ob wir (überhaupt)[21] leben oder unter Qual und Schande[22] zugrunde gehen werden[23]. Obwohl die Natur freilich[24] allen den Tod vor Augen gestellt hat, pflegt die Tapferkeit, die eigentümlich ist (ein Kennzeichen ist) für das römische Volk und Geschlecht, die Grausamkeit und Schande des Todes abzuwehren.	[1] *Hinweis auf den Schluss der Rede*
	[2] iste *Dem.-Pron., weist auf den Bereich der 2. Person*
	
	[3] *abl. abs.*
	[4] *Gerundium*
	[5] *Elativ, hier als Prädikativum zu* milites
	
	[6] vos ardentes *PC mit konzessivem Sinn*
	[7] *attributiv gebrauchtes Gerundivum*
	[8] *dat. possessivus*
	
	[9] *Relativsatz im Konj.: Begründung:*
	  cum quo = cum eo, qui talis est, ut is *(konsekut. Sinn)*
	
	[10] *Prädikativum zu* ille, *hier PC*
	
	[11] *Trikolon und Klimax (meist ist das 3. Glied ausführlicher)*
	
	[12] Vobis res est cum alquo – *Euch ist die Sache mit.*
	  → *Ihr habt es zu tun mit …*
	[13] *Metapher*
	[14] incidit *(Präs.) oder hier Perf. zu* incidere (cádere)
	  (nicht: incīdit, *Perf. von* in-cīdere (cāedere))
	[15] *Rel.-Satz im Konj.: konsek. Nebensinn (siehe* [9])
	[16] *Fut. II, da im Dt. im HS Futur steht, wähle Präsens.*
	[17] *prädikativ gebrauchtes Gerundivum,
	  hier verneint: „nicht dürfen"*
	[18] *Anapher*
	
	[19] (vgl: tua res agitur – *deine Sache steht auf dem Spiel*)
	  agitur – *es wird verhandelt, es geht darum*
	  ↳*Indir. FS: bei Nachzeitigk.:* -urus sim/essem
	  Coniugatio periphrastica *(umschriebenes Fut.)*
	[20] non quā condicione victuri (simus) *[Wortfrage]*
	[21] sed victuri-ne (Part. Fut. Akt. *von* vivere) simus
	  [Satzfrage: -ne → angehängtes Fragepartikel]
	[22] *abl. sociativus*
	[23] perituri (perire) simus *(siehe* [19])
	[24] quidem – *freilich; (Unterscheide:* quidam – *ein gewisser)*

m) Philippica VI 3 – 5

Intellego, Quirites, a vobis hanc sententiam repudiari, neque iniuria. Ad quem enim legatos? ad eumne, qui pecunia publica dissipata atque effusa, per vim et contra auspicia inpositis rei publicae legibus, fugata contione, obsesso senatu ad opprimendam rem publicam Brundisio legiones arcessiverit, ab iis relictus cum latronum manu in Galliam irruperit, Brutum oppugnet, Mutinam circumsedeat? Quae vobis potest cum hoc gladiatore condicionis, aequitatis, legationis esse communitas?

Quamquam, Quirites, non est illa legatio, sed denuntiatio belli, nisi paruerit; ita enim est decretum, ut si legati ad Hannibalem mitterentur. Mittuntur enim, qui nuntient, ne oppugnet consulem designatum, ne Mutinam obsideat, ne provinciam depopuletur, ne dilectus habeat, sit in senatus populique Romani potestate. Facile vero huic denuntiationi parebit, ut in patrum conscriptorum atque in vestra potestate sit, qui in sua numquam fuerit! Quid enim ille umquam arbitrio suo fecit? Semper eo tractus est, quo libido rapuit, quo levitas, quo furor, quo vinolentia; semper eum duo dissimilia genera tenuerunt, lenonum et latronum; ita domesticis stupris, forensibus parricidiis delectatur, ut mulieri citius avarissimae paruerit quam senatui populoque Romano.
Itaque, quod paulo ante feci in senatu, faciam apud vos.

Cicero führt uns mitten hinein in die nach der Ermordung Caesars in Rom ausgebrochenen Wirren. Der Konsul M. Antonius, ein Parteigänger Caesars, hatte Truppen aus Brundisium herbeigeholt, mit denen er zunächst seine Macht absicherte und dann den designierten Konsul des folgenden Jahres, D. Brutus, in der Stadt Mutina belagert. Der Senat in Rom versuchte, zwischen beiden zu vermitteln und beschloss, eine Friedensgesandtschaft zu Antonius zu schicken. Dagegen wandte sich Cicero in seiner Rede an das Volk.

Ich sehe ein, Quiriten, dass diese Meinung von Euch zurückgewiesen wird, und nicht zu Unrecht[1]. Zu wem denn Gesandte?[2] Zu dem[3], der öffentliches Geld sinnlos verprasst[4] hat, der gewaltsam und gegen die Auspizien dem Staat Gesetze auferlegt hat, die Volksversammlung in die Flucht geschlagen, den Senat belagert und dann zur Unterdrückung des Staates[5] aus Brundisium[6] Legionen herbeigeholt hat[8]; von diesen (dann) im Stich gelassen mit einer Schar von Räubern[7] in Gallien eingebrochen ist[8], Brutus angreift[8] und Mutina belagert[8]. Was könnt ihr mit diesem Gladiator gemeinsam haben[9] in Bezug auf Bedingung[10], Rechtsgleichheit und Gesandtschaft. Indes, Quiriten, jene ist keine Gesandtschaft[11], sondern eine Ankündigung des Krieges[12], wenn er nicht gehorcht[13]; denn so ist der Beschluss, als ob Gesandte zu Hannibal geschickt würden[14], die melden sollen[15], dass er nicht den designierten Konsul angreifen[16], Mutina nicht belagern, die Provinz nicht verwüsten, keine Anwerbung von Truppen durchführen und unter der Macht des Senates und des römischen Volkes stehen solle. Leicht[17] aber wird er dieser Aufforderung Folge leisten, so dass er sich in der Macht der Senatoren und in eurer Macht befindet, der niemals sein eigener Herr gewesen ist[18]. Denn was hat jener jemals nach seinem eigenen Ermessen[19] gemacht[20]? Immer hat er sich dorthin ziehen lassen[21], wohin ihn sein Verlangen, seine Leichtfertigkeit, seine Wut und wohin ihn seine Trunksucht gerissen hat; immer haben ihn zwei[22] unterschiedliche Charakterzüge (in Bann) gehalten, der der Kuppler und der der Räuber; so erfreut er sich[23] zuhause[24] an Ehebrüchen, in der Öffentlichkeit[24] an Morden, so dass er schneller[25] einem äußerst gierigen[26] Weib gehorcht hat, als dem Senat und dem römischen Volk.
Daher werde ich bei euch das[27] tun, was ich kurz vorher im Senat getan habe.

[1] *abl. modi*
[2] *erg.:* mittetis
[3] *ad eum-ne   -ne – Fragepartikel*
[4] *pecuniā dissipatā atque effusā   Hendiadyoin abl. abs. hier: aktivisch wiedergegeben.*
[5] *Gerundivkonstruktion (attributiv)*
[6] *abl. sep.;* **Merke:** *bei* <u>Städtenamen u. kl. Inseln:</u> *ohne Präposition!*
[7] *gen. explicativus*
[8] <u>Zur Tempuswahl:</u> *Nach Präs./Fut. im HS steht im konj. Nebensatz (Rel.-Satz mit konsekut. Nebensinn) bei Vorzeitigkt.: Konj. Perf. (accersiverit, irruperit), bei Gleichzeitgkt.: Konj. Präs.(oppugnet, cirumsedeat)*
[9] *dat. possessivus*
[10] *gen. explicativus*
[11] *legatio hier: Prädikatsnomen*
[12] *gen. obiectivus*
[13] *Fut. II, im Dt. Präsens*
[14] *ut si   irrealer Bedingungssatz der Vergangenheit*
[15] *qui (= ut ii) nuntient Relativsatz im Konj. (finaler Sinn)*
[16] *beachte: von nuntient ist* <u>kein</u> *aci (Aussage), sondern Finalsatz (Forderung) abhängig! falsch: dass er nicht ... angreife (= Aussage) richtig: dass er nicht ... angreifen* <u>solle</u> *(=Forderung)*
[17] *facile Adverb zu facilis auf -e (einzige Ausnahme bei den Adj. der gem. Dekl. [sonst: -(i)ter])*
[18] *fuerit Konj.: 1. Attractio modi 2. Rel.-Satz im Konj.: konsekutiver Nebensinn*
[19] *abl. instr. /causae*
[20] *Rhetorische Frage:* = Nihil fecit!
[21] *er ist – auf* <u>eigene Veranlassung hin</u> *– gezogen worden! Die Handlung steht als Medium zwischen Akt. u. Pass.*
[22] *duo, duae, duo (Dual) deshalb -o im Neutr. Pl.*
[23] *wie* [21]*: Medium! i. Dt.:* <u>sich erfreuen</u>
[24] *im Lat. attributiv gebraucht*
[25] *citius Komparativ des Adverbs zu cito – schnell*
[26] *Elativ*
[27] **Regel:** *Ein Relativsatz kann Subjekt oder Objekt eines Satzes sein.   (hier: Objekt)*

n) Philippica XIII 7 – 8

At enim nos M. Lepidus, imperator iterum, optime proximo civili bello de re publica meritus, ad pacem adhortatur. Nullius apud me, patres conscripti, auctoritas maior est quam M. Lepidi vel propter ipsius virtutem vel propter familiae dignitatem. Accedunt eōdem multa privata magna eius in me merita, mea quaedam officia in illum. Maximum vero eius beneficium numero, quod hōc animō in rem publicam est, quae mihi vita mea semper fuit carior. Nam cum Magnum Pompeium, clarissimum adulescentem, praestantissimi viri filium, auctoritate adduxit ad pacem remque publicam sine armis maximō civilis belli periculō liberavit, tum me eius beneficio plus quam pro virili parte obligatum puto. Itaque et honores ei decrevi, quōs potui amplissimos, in quibus mihi vos estis adsensi, nec umquam de illo et sperare optime et loqui destiti. Summa nobilitas est, omnes honores, amplissimum sacerdotium, plurima urbis ornamenta, ipsius, fratris maiorumque monumenta, probatissima uxor, optatissimi liberi, res familiaris cum ampla, tum casta a cruore civili; nemo ab eo civis violatus, multi eius beneficio et misericordia liberati. Talis igitur vir et civis opinione labi potest, voluntate a re publica dissidere nullo pacto potest.

In der Senatssitzung vom 20. März wird u.a. ein Schreiben von M. Aemilius Lepidus vorgelesen, in dem dieser zum Frieden mit Antonius rät. Cicero reagiert auf dieses Ansinnen mit der XIII. Philippischen Rede. Zunächst betont er die große Bedeutung des Friedens an sich für die Bürgerschaft, gibt aber zu bedenken, dass ein Frieden nicht um jeden Preis beschlossen werden dürfe. Ein Friedensvertrag mit Antonius wäre eine Besiegelung der Knechtschaft für das römische Volk. Bevor er aber den Antrag des Lepidus vollends ad absurdum führt, hält er eine Laudatio auf Lepidus, der - so im unterem Text zu lesen - ein Mann mit lauteren Absichten sei.

Doch freilich hat M. Lepidus, zum zweiten Mal Feldherr, sich im letzten Bürgerkrieg sehr[1] um den Staat verdient gemacht und rät uns zum Frieden. Bei mir ist keines Menschen Ansehen, ihr Senatoren, größer als das des M. Lepidus wegen seiner eigenen Leistung oder wegen des Ansehens seiner Familie. Dazu[2] kommen noch zahlreiche und wesentliche private Verdienste von ihm mir gegenüber[3] und gewisse Gefälligkeiten meinerseits pflichtgemäß[4] gegen ihn[3]. Aber als sein größtes Verdienst rechne ich an, dass[5] er diese Gesinnung[6] gegenüber[7] dem Staat zeigt, der[8] mir immer teurer gewesen ist als mein Leben[9]. Denn zum einen[10] hat er den Magnus Pompeius, einen hochangesehenen jungen Mann, Sohn eines vortrefflichen Mannes, durch seinen Einfluss zum Frieden(-sschluss) veranlasst und den Staat ohne Waffengewalt von der größten Gefahr des Bürgerkrieges befreit, zum anderen bin ich besonders – wie ich glaube[11] – durch seine Wohltat mehr, als einer zu leisten imstande ist, verpflichtet. Deshalb habe ich für ihn die größten[12] Ehren beschlossen, die ich (beschließen) konnte, und bei denen ihr mir zugestimmt habt, und niemals[13] habe ich aufgehört, über ihn besonders gut zu hoffen und zu sprechen. Er[14] besitzt den höchsten Adel, alle Ehrenämter, das oberste Priestertum, zahlreiche Standbilder in der Stadt, Denkmäler von ihm selbst, seinem Bruder und seinen Vorfahren, eine hoch geschätzte Frau, sehr geliebte Kinder, ein Vermögen, das zum einen[10] umfangreich, zum andern aber rein ist von Bürgerblut. Niemand ist von ihm als Bürger verletzt worden, viele aber durch seine Wohltat und sein Mitleid befreit worden. Ein solcher Mann und Bürger kann zwar in seiner Meinung[16] schwanken, in seinem Streben[16] vom Staat abweichen kann er auf keinen Fall.	[1] de re publica bene mereri – *sich um den Staat sehr verdient machen* [2] beachte: quo? – *wohin?*, eo – *dorthin* i-dem – *derselbe*, eo-dem – *eben dorthin* [3] in me in + *Akk Richtung (gegen...)* [4] officio *abl. causae* [5] fakt. quod – *die Tatsache, dass* [6] *abl. qualitatis* [7] in + *Akk. Richtung: auf den Staat hin* [8] quae *Nom. Sing. F.* → res publica (*i. Dt.: der Staat, der*) [9] *abl. comp. nach dem Komparativ (statt quam)* [10] cum...tum (≈ et...**et**) – *sowohl...als auch besonders* [11] *Satzanalyse:* me plus obligatum (esse) puto aci *Im aci steckt die wichtigere Information,* *baue* puto *als Parenthese ein: - wie ich glaube -* [12] *Stellung:* Ei amplissimos honores decrevi, quos (decernere) potui [13] nec/neque umquam (*und nicht jemals*)→ *und niemals* [14] *ergänze:* ei *(dat. poss.)* [16] *abl. limitationis (Bereich)*

2. Cicero: de officiis

a) de off. I 23 – 25

Sed iniustitiae genera duo sunt, unum eorum, qui inferunt, alterum eorum, qui ab iis, quibus infertur, si possunt, non propulsant iniuriam. Nam qui iniuste impetum in quempiam facit aut ira aut aliqua perturbatione incitatus, is quasi manus afferre videtur socio; qui autem non defendit nec obsistit, si potest, iniuriae, tam est in vitio, quam si parentes aut amicos aut patriam deserat. Atque illae quidem iniuriae, quae nocendi causa de industria inferuntur, saepe a metu proficiscuntur, cum is, qui nocere alteri cogitat, timet, ne, nisi id fecerit, ipse aliquo afficiatur incommodo. Maximam autem partem ad iniuriam faciendam aggrediuntur, ut adipiscantur ea, quae concupiverunt; in quo vitio latissime patet avaritia.

Expetuntur autem divitiae cum ad usus vitae necessarios, tum ad perfruendas voluptates. In quibus autem maior est animus, in iis pecuniae cupiditas spectat ad opes et ad gratificandi facultatem, ut nuper M. Crassus negabat ullam satis magnam pecuniam esse ei, qui in re publica princeps vellet esse, cuius fructibus exercitum alere non posset.

Nec vero rei familiaris amplificatio nemini nocens vituperanda est, sed fugienda semper iniuria est.

Prüfungstexte

Cicero schreibt sein Werk „de officiis" in einer Zeit, in der in Rom die letzte Phase des Bürgerkrieges begonnen hat. Caesar ist ermordet, Antonius schwingt sich zum Nachfolger auf – die alte Republik scheint am Ende zu sein und Cicero erhebt sich zu seinem letzten Auftritt als Führer der Senatspartei. Da hält es Cicero für seine Pflicht, gerade der Jugend deutlich zu machen, dass der vir bonus (der verantwortungsvolle Politiker) das utile (das Nützliche – also auch persönliche Interessen) immer mit dem honestum (dem sittlich Guten) in Einklang zu bringen habe. Dabei steht über allem die Frage, wie die sittlichen Grundsätze auf das praktische Leben anzuwenden seien.

Es gibt[1] zwei Arten der Ungerechtigkeit, die eine[2] bei den Menschen[3], die sie zufügen, die andere bei denen, die ein Unrecht nicht von denen abwehren[4], denen es zugefügt wird, (auch) wenn sie es können. Wer[5] ungerechter Weise einen Angriff gegen irgendjemanden[6], ausführt, sei es aus Zorn oder sonst einer Leidenschaft getrieben[7], der scheint[8] Hand an seinen Gefährten zu legen; wer[5] aber (ihn) nicht verteidigt noch dem Unrecht, wenn er kann, widersetzt, ist[9] ebenso sehr in Schuld, als wenn er seine Eltern oder Freunde oder sein Vaterland im Stiche ließe[10].

Aber jene Ungerechtigkeiten freilich, die absichtlich, um zu schaden[11], zugefügt werden, gehen oft von der Furcht aus[12], wenn der, der dem anderen[13] zu schaden gedenkt, fürchtet[14], dass ihm selbst ein Schaden zugefügt[15,16] werde, wenn er das nicht tue[16]. Zum größten Teil aber gehen sie zur Ausübung eines Unrechts[17], um das[18] zu erlangen, wonach sie getrachtet haben; bei diesem[19] Fehler tritt am weitesten[20] zu Tage die Habgier.

Erstrebt aber wird Reichtum zum einen[21], um sich die notwendigen Lebensbedürfnisse[22] zu verschaffen, zum anderen[21], um Vergnügungen zu genießen[23]. Bei denen[5] aber ein höheres Ziel vor Augen steht, bei denen zielt die Begierde nach Geld[24] auf Einfluss und die Möglichkeit, andere von sich abhängig zu machen[25], wie[26] neulich Markus Crassus behauptete[27], dass für denjenigen, der in dem Staate die erste Rolle spielen wolle[29], kein Kapital groß genug sei[28], von dessen Zinsen er kein Heer unterhalten könne[29]. Und dennoch darf die Vergrößerung[30] des Vermögens, wenn sie niemandem schadet[31], nicht beanstandet werden[32], aber das Unrecht muss immer gemieden werden[33].

---

[1] *esse (ohne Prädikatsnomen) Vollverb: es gibt*

[2] *unum, alterum Apposition im Singular zu genera*

[3] *gen. exlicativus*

[4] pro-*puls*-are *Intensiv-Verbum zu propellere,* -puls-*us*

[5] qui *vorgezogener Relativsatz*

[6] quis-piam ~ qui-libet *oder* qui-vis

[7] [qui ira .. incitatus impetum facit,]
   ↳ PC ↵

[8] is manūs afferre videtur
   ↳ nci ↵

[9] **Merke:** *Ein Relativsatz kann die Stelle eines Subjekts oder Objekts einnehmen!*

[10] *si-Satz (Konj. Präs.) Potentieller Bedingungssatz*

[11] *Gerundium + gratia (+Genitiv)*

[12] proficisci *Metapher*

[13] alteri *Dat. Sing. (Pronominaladj: Gen: -ius; Dat: -i)*

[14] timeo, **nē** – *ich fürchte,* **dass**

[15] afficere + Abl. – *(jmd. mit etw. versehen), jmd. etwas zufügen*

[16] *T-Wahl im konj. NS: beachte: Consecutio temporum (nach Präs./Fut. im HS: Glz. Konj. Pr., Vorz.: Konj. Perf.)*

[17] ad iniuriam faciendam *attr. gebr. Gerundivum*

[18] ea, quae *hier: Akk. Pl. Neutr.; (Akk.-Objekte)*

[19] *Relat. Satzanschluss*

[20] latissime: *Superlativ des Adv. late (latus, a, um)*

[21] cum...tum (~ *et ...* **et**) – *sowohl...als auch* **besonders**

[22] usus, usūs, m – *Gebrauch, Nutzen*

[23] *attributiv gebrauchtes Gerundivum; Absicht*

[24] cupiditas pecuniae (pecunia *ist* **Obj.** *zu* cupere): *gen. obj.*

[25] facultas gratificandi *Gerundium als Genitivattribut*

[26] ut + Indikativ: *wie*

[27] negare → aci – *behaupten, dass nicht*
Regeln der indir. Rede: *(hier: HS. in Vergangenheit!)*

[28] *alle Aussagen* → aci *(hier: gleichz.:* → *Inf. Präsens)*

[29] *alle Nebensätze* → *Konj. (hier: gleichz* → *Konj. Imperf.)*

[30] amplificatio *(Subst. zu* amplificare – *vergrößern)* rei familiaris *gen. obiectivus*

[31] amplificatio nemini (Dat.-Obj.) nocens (PC)

[32] nec...vituperanda est *"verneintes Gerundīv + esse"*

[33] fugere, fugio *(trans.* → *pers. Pass.-Bildung)* – *fliehen, meiden*

b) de off. I 42 – 43

Deinceps, ut erat propositum, de beneficentia ac de liberalitate dicatur, qua quidem nihil est naturae hominis accommodatius, sed habet multas cautiones. Videndum est enim, primum ne obsit benignitas et iis ipsis, quibus benigne videbitur fieri, et ceteris; deinde ne maior benignitas sit, quam facultates; tum ut pro dignitate cuique tribuatur; id enim est iustitiae fundamentum, ad quam haec referenda sunt omnia. Nam et qui gratificantur cuipiam, quod obsit illi, cui prodesse velle videantur, non benefici neque liberales, sed perniciosi assentatores iudicandi sunt, et qui aliis nocent, ut in alios liberales sint, in eadem sunt iniustitia, ut si in suam rem aliena convertant.

Sunt autem multi et quidem cupidi splendoris et gloriae, qui eripiunt aliis, quod aliis largiantur, iique arbitrantur se beneficos in suos amicos visum iri, si locupletent eos quacumque ratione. Id autem tantum abest ab officio, ut nihil magis officio possit esse contrarium. Videndum est igitur, ut ea liberalitate utamur, quae prosit amicis, noceat nemini. Quare L. Sullae, C. Caesaris pecuniarum translatio a iustis dominis ad alienos non debet liberalis videri; nihil est enim liberale, quod non idem iustum.

Prüfungstexte **101**

Ferner soll, wie[1] geplant war, über die Wohltätigkeit und Freigebigkeit gesprochen werden, im Vergleich zu der[2] freilich nichts der menschlichen Natur angepasster ist, die aber viel Vorsicht erfordert. Man muss nämlich darauf sehen[3], erstens[4], dass die Güte nicht schädlich sei gerade denen, denen man gütig zugedacht scheint, und auch den übrigen; zweitens, dass die Güte nicht größer[5] sei als die Möglichkeiten; drittens, dass sie jedem[6] nach Verdienst erwiesen werde; denn das ist die Grundlage der Gerechtigkeit, auf die dieses alles bezogen werden muss[7]. Denn die Leute[8], die sich irgendeinem[9] gefällig erweisen, dürfen, da es dem schadet[10], dem sie anscheinend[11] nützen wollen, nicht als wohltätig[12], auch nicht für freigebig[12], sondern müssen für verderbliche Schmeichler[12] erklärt werden[12], und die den einen[13] schaden[8], um gegen andere[13] freigebig zu sein, befinden sich in derselben Ungerechtigkeit, wie wenn[14] sie fremdes Eigentum in ihren eigenen Besitz verwandelten. Es gibt[15] aber viele nach Glanz und Ruhm[16] gierige Menschen, die den einen[13] (etwas) entreißen, um[17] es anderen[13] zu schenken, und diese glauben, dass sie in Zukunft[18] als gütig ihren Freunden gegenüber erscheinen werden[19], wenn sie sie auf jede mögliche Weise reich machten[20]. Dieses aber ist soweit[21] von der Pflicht entfernt, dass nichts mehr der Pflicht entgegengesetzt sein kann. Man muss daher dafür sorgen[22], dass wir die Freigebigkeit üben, die[23] unseren Freunden nützt und[24] niemandem schadet. Aus diesem Grunde darf die Geldübertragung[25] des Lucius Sulla und Gajus Cäsar von rechtmäßigen Besitzern auf Fremde nicht als freigebig scheinen[19]; denn nichts ist freigebig, was nicht zugleich gerecht ist[26].	[1] *beachte: ut beim Ind.:* wie
	[2] quā *abl. comparationis:*
	  = ni<u>hil</u> est accomodat<u>ius</u> quam ea (= quā)
	
	[3] *prädikativ gebrauchtes Gerundivum*
	  videndum est *Finalsatz*
	[4] primum,... *Gliederung der Finalsätze* 1. ..., 2. ..., 3. ...
	
	[5] maior *(hier: Nom. Sing. F.) vorgezogenes*
	    Prädikatsnomen
	[6] cui-que *Dativ Sing. zu* quis-que – *jeder*
	
	[7] *prädikativ gebrauchtes Gerundivum*
	[8] *vorgezogener Relativsatz stellt das Subj. des HS dar.*
	[9] quis-piam ~ qui-libet *oder* qui-vis
	[10] ob-sit *(m. Dat.)* – *jemandem. im Weg stehen, schaden*
	  Rel.-Satz im Konj: kausaler Sinn (quod = cum id)
	[11] videantur → *nci; Konj. , da Attractio modi (zu* obsit)
	
	[12] *dopp. Nom. nach* iudicari
	[13] alii...alii – *die einen... die anderen*
	
	[14] ut si + Konj. Präs. – *wie wenn (pot. Bedingungssatz)*
	
	[15] sunt *(hier als Vollverb: es gibt)* + *konsek. Relativsatz*
	[16] *gen. obiectivus*
	[17] quod *konj. Relativsatz, hier: finaler Sinn*
	  (quod = ut id)
	[18] vis**um** iri ***(un**deklierbarer!) Inf. Fut. Pass.*
	[19] videri + *dopp. Nom.* – *erscheinen als (wer /was?)*
	  hier im aci, (se benificos vis**um** iri *(Inf. Fut. **Pass.**)*)
	[20] *Konj. (Nebensatz in indir. Rede (abh. v.* arbitrantur))
	[21] tantum → *Folgesatz* ut ...
	
	[22] videndum est *prädikativ gebrauchtes Gerundivum*
	  ↳ ut...*Finalsatz*
	[23] quae: *Rel.-Satz im Konj.: konsekutiver Nebensinn*
	  = quae (talis est, ut ea) prosit
	[24] *Asyndeton*
	
	[25] translatio
	   Sullae, Caesaris: *gen. subiectivus*
	   pecuniarum: *gen. obiectivus*
	
	[26] *Ellipse*

c) de off. I 88 –90

Nec vero audiendi sunt, qui graviter inimicis irascendum putabunt idque magnanimi et fortis viri esse censebunt; nihil enim laudabilius, nihil magno et praeclaro viro dignius placabilitate atque clementia. Et tamen ita probanda est mansuetudo atque clementia, ut adhibeatur rei publicae causa severitas, sine qua administrari civitas non potest. Omnis autem et animadversio et castigatio contumelia vacare debet neque ad eius, qui punit aliquem aut verbis castigat, sed ad rei publicae utilitatem referri.

Cavendum est etiam, ne maior poena quam culpa sit et ne isdem de causis alii plectantur, alii ne appellentur quidem. Prohibenda autem maxime est ira puniendo; numquam enim, iratus qui accedet ad poenam, mediocritatem illam tenebit, quae est inter nimium et parum, quae placet Peripateticis - et recte placet. Iracundia vero omnibus in rebus repudianda est optandumque, ut ii, qui praesunt rei publicae, legum similes sint, quae ad puniendum non iracundia, sed aequitate ducuntur.

Atque etiam in rebus prosperis et ad voluntatem nostram fluentibus superbiam magnopere, fastidium arrogantiamque fugiamus! Nam ut adversas res, sic secundas inmoderate ferre levitatis est praeclaraque est aequabilitas in omni vita.

Man darf aber nicht auf die hören, die glauben werden, dass man den Feinden heftig zürnen[1] müsse, und die in Zukunft die Ansicht vertreten, dies sei ein Zeichen[2] eines großherzigen und tapferen Mannes; denn nichts ist[3] lobenswerter, nichts eines großen und bedeutenden Mannes[4] würdiger als Sanftmut und Milde[5]. Und dennoch muss Zurückhaltung und Milde (nur) so gebilligt werden, dass[6] um des Staates Willen Strenge angewendet wird, ohne die ein Staat nicht regiert werden kann. Jeder Tadel und jede Züchtigung muss frei sein von Beleidigung[7] und darf sich nicht[8] auf den Nutzen dessen, der jemanden straft oder mit Worten züchtigt, beziehen, sondern auf den Nutzen des Staates. Man muss sich auch hüten, dass[9] die Strafe größer ist als die Schuld und dass aus denselben[10] Gründen die einen Prügel bekommen und die anderen noch nicht einmal[11] Erwähnung finden. Besonders muss der Zorn vom Strafen[12] ferngehalten werden; denn niemals wird der, der zornig[13] zur Bestrafung schreitet[14], jenen Mittelweg halten, der zwischen zuviel und zuwenig liegt, der den Peripatetikern gefällt – und zurecht gefällt. Jähzorn aber muss in jeder Hinsicht abgelehnt werden und es[15] ist zu wünschen, dass diejenigen, die den Staat leiten, den Gesetzen ähnlich seien, die[16] nicht im Jähzorn[17], sondern in Gerechtigkeit[17] zur Bestrafung[18] herangezogen werden.
Und auch in günstigen und nach unserem Willen sich entwickelnden (fließenden) Situationen[19] lasst uns besonders (sehr) Hochmut, Überheblichkeit und Anmaßung meiden![20] Denn wie[21] Unglück, so das Glück unmäßig hinzunehmen (zu ertragen), ist ein Zeichen[2] von Leichtsinnigkeit[22], und vortrefflich[23] ist Gleichmut in jeder Lebenslage.

[1] irasci *(intr. Verbum, also nur un-pers. Pass. möglich!)*
 irascendum est – *man muss den Feinden zürnen*
[2] fortis viri est irasci *(hier vertreten durch id)*
 Regel: *Fehlt bei* esse *das Substantiv zum Genitivattribut, so ergänze ein Signalwort:*
 signum *oder* **officium**!
[3] *ergänze*: est *(Ellipse)*
[4] *abl. instr. bei* dignus
[5] *abl. comparationis nach* dignius *(Komp. Neutr.)*
[6] ita...ut *Konsekutivsatz*
[7] vacare + *Abl. separativus* contumeliā
[8] neque *(erg.:)* debet *(verneintes Müssen → nicht Dürfen)*
 statt: zurückgebracht werden auf *(Passiv)*
 besser: sich beziehen auf *(Medium)*
[9] caveō, nē – *sich davor hüten, dass oder Inf. (nur bei [verneinter Wunsch!] gleichem Subjekt möglich!)*
[10] īsdem (= iisdem, Dat./Abl. Pl.) *von* idem, *derselbe*
[11] ne...quidem – *nicht einmal*
[12] puniendo *darf hier* **nicht** *als abl. instr. gedeutet werden (Schwere Sinnverfälschung!!)*
 → *abl. separativus (Gerundium)*
[13] iratus: *Prädikativum, stellt eine zusätzl. Satzaussage dar (im Lat: KNG zum Bez.-Wort (qui), im Dt. undekl. Adj.)*
[14] *im Lat. Fut.I; im Dt. ist man freier (Präs),* **wenn** *im HS das Futur gesetzt wird.*
[15] repudianda est optandumque
 beachte die Beziehungswörter (KNG)!
[16] quae = *Nom. Pl.* **F.** *(können hier nur die Gesetze sein!)*
[17] *abl. modi*
[18] *Gerundium*
[19] *analog zu* res secundae – *Glück und* res adversae – *Unglück*
[20] (ef)fugere, fugio *(trans!) also mit Akk. (nicht: fugare)*
[21] ut...ita *in Vergleichssätzen* – *so...wie*
[22] *gen. possessivus*
[23] *vorgezogenes Prädikatsnomen*

d) de off. III 46 – 48

Sed utilitatis specie in re publica saepissime peccatur, ut in Corinthi disturbatione nostri; durius etiam Athenienses, qui sciverunt, ut Aeginetis, qui classe valebant, pollices praeciderentur. Hoc visum est utile; nimis enim imminebat propter propinquitatem Aegina Piraeo. Sed nihil, quod crudele, utile; est enim hominum naturae, quam sequi debemus, maxima inimica crudelitas. Male etiam, qui peregrinos urbibus uti prohibent eosque exterminant, ut Pennus apud patres nostros, Papius nuper. Nam eum esse pro cive, qui civis non sit, rectum est non licere; quam legem tulerunt sapientissimi consules, Crassus et Scaevola. Usu vero urbis prohibere peregrinos sane inhumanum est.

Illa exempla praeclara, in quibus publicae utilitatis species prae honestate contemnitur. Plena exemplorum est nostra res publica cum saepe, tum maxime bello Punico secundo, quae Cannensi calamitate accepta maiores animos habuit quam unquam rebus secundis, nulla timoris significatio, nulla mentio pacis. Tanta vis est honesti, ut speciem utilitatis obscuret.

Athenienses cum Persarum impetum nullo modo possent sustinere statuerentque, ut urbe relicta, coniugibus et liberis Troezene depositis naves conscenderent libertatemque Graeciae classe defenderent, Cyrsilum quendam suadentem, ut in urbe manerent Xerxemque reciperent, lapidibus obruerunt. Atque ille utilitatem sequi videbatur, sed ea nulla erat repugnante honestate.

Aber unter dem Anschein[1] der Nützlichkeit wird im Staate sehr oft gesündigt[2], wie unsere Leute[3] bei der Zerstörung[4] von Korinth[5]; noch härter[6] (handelten) die Athener, die beschlossen haben, dass den Bewohnern der Stadt Aegina, die durch die Flotte stark waren, die Daumen abgeschnitten[7] werden sollten. Dies schien nützlich; denn allzu sehr drohte Aegina wegen (ihrer) Nähe[8] zu (dem Hafen) Piräus. Aber nichts, was grausam ist[9], ist[9] nützlich; denn der menschlichen Natur, der wir folgen müssen, ist die Grausamkeit die größte Feindin[10]. Schlecht (handeln[11]) auch (die), die Fremde hindern[12], die Städte zu gebrauchen[13] und sie ausgrenzen, wie Pennus zur Zeit unserer Väter, wie Papius neulich (getan hat). Denn es ist richtig[14], dass es nicht erlaubt ist, dass der als Bürger gilt, der kein Bürger ist[15]; dieses Gesetz[16] haben sehr weise Konsuln, Crassus und Scaevola. eingebracht. Vom Gebrauch der Stadt aber Fremde fernzuhalten, ist fürwahr unmenschlich[17]. Jene Beispiele sind[18] großartig, in denen der Anschein allgemeiner Nützlichkeit angesichts der Ehrenhaftigkeit geringgeschätzt wird. Voll von Beispielen, sowohl[19] häufig, als auch besonders[19] im 2. punischen Krieg, ist unser Staat, der nach der Niederlage bei Cannae[22] größeren Mut hatte als jemals in Zeiten des Glücks. Keine Spur[4] von Furcht, keine Erwähnung des Friedens. So groß ist der Einfluss des Ehrenhaften, dass[23] es den Schein der Nützlichkeit in den Schatten stellt. Als[25] die Athener[24] dem Angriffe der Perser auf keine Weise[26] Stand halten konnten und beschlossen, die Stadt zu verlassen, Frauen und Kinder in Troezen in Sicherheit zu bringen, dann die Schiffe zu besteigen und die Freiheit Griechenlands mit der Flotte zu verteidigen, haben sie einen gewissen Cyrsilus mit Steinen beworfen, da er riet, dass sie in der Stadt bleiben und den Xerxes aufnehmen sollten. Und jener schien[27] dem Nutzen gefolgt zu sein; aber dieser[28] war kein Nutzen, da die Ehrenhaftigkeit damit im Widerspruch stand[29].	[1] *abl. causae* [2] *Elativ zu* saepe *(Adv.)* [3] nostri *erg.:* viri *(wie bei Caesar: unsere Leute)* [4] disturbat-io (dis-turbare, o, avi, disturbat-um *–zerstören*) **Merke:** *Vom PPP-Stamm abgeleitete Substantive auf –io geben meist die* **Tätigkeit / Produkt** *des Verbs wieder.* [5] Corinthi *hier:* gen. obiectivus [6] durius *Komparativ des Adverbs von* durus, a, um [7] prae-cīdere (caedere) – abschneiden [8] *besonders schön ausgeprägte Alliteration!* [9] *Ellipse* [10] inimica *hier Substantiv, Prädikatsnomen* [11] male *(erg: agunt, (Ellipse), greift das* peccare *Z.1. auf)* [12] prohibent + aci *(auch im Deutschen ebenso möglich)* [13] uti + Abl. [14] <u>Rectum est</u> ↳*aci:* <u>non licere</u> ↳*aci:* <u>eum pro cive esse</u> [15] sit *attractio modi* ↳[qui civis non sit] [16] *Relativer Satzanschluss* [17] inhumanum est *Inf:* prohibere → *abl. separativus* [18] *Ellipse* (sunt) [19] cum...tum (~ et...**et**) – sowohl...als auch *besonders* [20] bello Punico Secundo *genaue Zeitangabe ohne Präp.* [21] quae (= res publica) habuit → *Akk.Obj.* maiores animos [22] <u>Cannensī calamitate acceptā</u> *(abl. abs.)* [23] Tanta....., ut *Konsekutivsatz* [24] <u>Satzbau: Gemeinsames Subj. des HS u. NS. steht meist ohne Kommaabtrennung zum NS am Satzanfang</u> [24] **Satzbild: siehe unbedingt S. 43!!** [25] cum + Konj: cum narrativum – *als* [26] *abl. modi* [27] <u>ille sequi</u> → <u>Akk.-Obj.</u> <u>videbatur</u> *(nci)* [28] ea = utilitas [29] <u>honestate repugnante</u> *(abl. abs.)* kausal

3. Sallust

a) de coniuratione Catilinae 52

Sed, per deos inmortalis, vos ego appello, qui semper domos, villas, signa, tabulas vostras pluris quam rem publicam fecistis; si ista, quae amplexamini, retinere, si voluptatibus vostris otium praebere voltis, expergiscimini aliquando et capessite rem publicam! Non agitur de vectigalibus neque de sociorum iniuriis: libertas et anima nostra in dubio est. Coniuravere nobilissumi cives patriam incendere, Gallorum gentem infestissumam nomini Romano ad bellum arcessunt, dux hostium cum exercitu supra caput est. Vos cunctamini etiam nunc et dubitatis, quid intra moenia deprensis hostibus faciatis? Misereamini, censeo: deliquere homines adulescentuli per ambitionem - atque etiam armatos dimittatis! Scilicet res ipsa aspera est, sed vos non timetis eam. Non votis neque suppliciis muliebribus auxilia deorum parantur: vigilando, agundo, bene consulundo prospere omnia cedunt. Undique circumventi sumus. Catilina cum exercitu faucibus urget, alii intra moenia atque in sinu urbis sunt hostes; neque parari neque consuli quicquam potest occulte: quo magis properandum est. Quare ego ita censeo: Cum nefario consilio sceleratorum civium res publica in maxuma pericula venerit iique indicio legatorum Allobrogum convicti confessique sint caedem, incendia aliaque crudelia facinora in civis patriamque paravisse, de confessis more maiorum supplicium sumundum.

In seinem Werk „de coniuratione Catilinae" lässt Sallust als Reaktion auf den Antrag des Manlius, die Todesstrafe an den Catilinariern vollziehen zu lassen, Caesar ein Plädoyer gegen die Todesstrafe halten. Nach dieser Rede stimmten die übrigen bald dem einen, bald dem anderen Antrag zu. Markus Porcius Cato, um seine Meinung gefragt, hielt etwa folgende Rede:

Aber, bei den unsterblichen Göttern, an euch wende ich mich, die ihr immer Häuser, Landsitze, Bildwerke und Gemälde höher[1] als den Staat eingeschätzt habt: wenn ihr das, was euch so am Herzen liegt, behalten, wenn ihr (Frei-)Zeit haben wollt für eure Vergnügungen, (dann) wacht endlich auf[2] und greift in die Politik ein! Es dreht sich hier nicht um Steuern und auch nicht um Ungerechtigkeiten gegen die Bundesgenossen[3]: eure Freiheit und euer Leben stehen auf dem Spiel. Verschworen[4] haben sich Bürger vom höchsten Adel, das Vaterland in Brand zu stecken, sie lassen einen Stamm der Gallier herbeiholen, der dem römischen Namen[5] äußerst feindlich gesinnt ist, der Führer der Feinde sitzt uns mit seinem Heer[6] im Nacken[7]. Ihr zögert auch jetzt und seid unschlüssig, was ihr innerhalb der Mauern mit den gefassten[8] Feinden machen sollt[9]? Ich meine[10], ihr sollt Mitleid haben: ganz junge Männer haben aus Ehrgeiz einen Fehler begangen[11] – und ihr sollt sie sogar bewaffnet entlassen[12]! Natürlich ist die Sache selbst schwierig, aber ihr fürchtet sie nicht. Nicht durch Gelübde und auch nicht durch weibisches Flehen verschafft man sich die Hilfe der Götter: Durch Wachen, Handeln und kluge Überlegung[13] verläuft alles günstig. Wir sind von allen Seiten umzingelt. Catilina sitzt uns mit seinem Heer an der Kehle[14] die anderen Feinde sind innerhalb der Mauern und im Schoß[14] der Stadt; weder kann etwas[15] heimlich vorbereitet, noch beraten werden[16]: um so mehr[17] muss man sich beeilen! Deshalb[18] bin ich folgender Meinung[19]: Da durch den ruchlosen Plan verbrecherischer Bürger der Staat in größte Gefahren geraten ist[19] und diese durch die Anzeige der Gesandten der Allobroger überführt und geständig sind[19], Mord, Brand und andere grausame Taten gegen die Bürger und das Vaterland bereitet zu haben, muss[19] an den Geständigen[20] nach der Sitte[21] der Vorfahren die Todesstrafe vollzogen werden.	[1] *gen. pretii (der Preisangabe),*
	    bei den Verben der Wertschätzung
	
	[2] *ex-pergiscere (Verb sc aus pergere – fortfahren)*
	    beginnt, fortzufahren → fahrt endlich fort!!
	
	[3] *iniuria sociorum Interpretiere:*
	    a) Unrecht der Bundesgenossen? *gen. subj.* oder
	    b) Unrecht an den Bundesgenossen? *gen obj.(!!)*
	
	[4] *Kurzform, 3. Pl. Perf., Perf → Feststellung, Wertung!*
	
	[5] *synon. für* imperio Romano
	
	[6] cum exercitu *abl. sociativus, (nicht abl. instr.)*
	[7] *Metapher*
	
	[8] depre(he)nsis hostibus; *Kurzform, abl. abs*
	[9] dubitatis → *Ind. FS* quid...faciatis. *(Konj. Potentialis)*
	    indir. Fragesatz (Kennzeichen:,,Frageworт + Konj.")
	[10] censeo, *(meist mit aci), hier mit Finalsatz (erg)* ut
	[11] deliquēre: *Kurzform für* deliquĕrunt, *3. Pl. Perf. Akt.*
	
	[12] *Dubitativus*
	
	[13] *Abl. des Gerundiums, z. T. archaische Formen (u statt e)*
	
	[14] *Metapher*
	[15] *Indefinit-Pron. in negierten Sätzen*
	[16] consuli: *hier Inf. Pr. Pass.*
	[17] quo *(Rel. Satzanschl.)* magis ↔ eo *(abl. mensurae)*
	    magis
	[18] qua re *(Rel. Satzanschl.) abl. causae – (aufgrund),*
	    deshalb
	[19] *Ab hier ind. Rede →* **Regel**: *Aussagen im HS: aci Tempuswahl im NS nach der* **consecutio temporum**
	HS: censeo: supplicium sumundum (esse) *Gerundiv+esse*
	NS: [cum...venerit iique...confessi sint (se) caedem paravisse]
	nach Präs. im HS: bei Vorzeitigkeit im NS: Konj. Perf.
	In der dt. Wiedergabe: Indikativ, *da es die feste Überzeugung des Sprechers ist und* keine Fremdmeinung!
	[20] *Iteratio, nochmalige Wiederholung (um die Begründung seiner Forderung zu verstärken)*
	[21] *abl. modi*

108   Prüfungstexte

b) de bello Iugurthino 85, 13 - 22

Comparate nunc, Quirites, cum illorum superbia me, hominem novum. Quae illi audire aut legere solent, eorum partem vidi, alia egomet gessi; quae illi litteris, ea ego militando didici. Nunc vos existimate, facta an dicta pluris sint. Contemnunt novitatem meam, ego illorum ignaviam; mihi fortuna, illis probra obiectantur. Quamquam ego naturam unam et communem omnium existimo, sed fortissimum quemque generosissimum. Ac si iam ex patribus Albini aut Bestiae quaeri posset, mene an illos ex se gigni maluerint, quid responsuros creditis nisi sese liberos quam optimos voluisse? Quodsi iure me despiciunt, faciant item maioribus suis, quibus, uti mihi, ex virtute nobilitas coepit. Invident honori meo: ergo invideant labori, innocentiae, periculis etiam meis, quoniam per haec illum cepi.

Verum homines corrupti superbia ita aetatem agunt, quasi vestros honores contemnant, ita hos petunt, quasi honeste vixerint. Ne illi falsi sunt, qui diversissimas res pariter exspectant, ignaviae voluptatem et praemia virtutis. Atque etiam, cum apud vos aut in senatu verba faciunt, pleraque oratione maiores suos extollunt: eorum fortia facta memorando clariores sese putant. Quod contra est. Nam quanto vita illorum praeclarior, tanto horum socordia flagitiosior.

Prüfungstexte 109

In dem Werk „de bello Iugurthino", das den Krieg (111 – 105 v. Chr.) gegen den Numiderkönig Jugurtha behandelt, war für Sallust der Verfall der Moral in Rom ein zentrales Thema. Nur durch die Bestechlichkeit römischer Beamten wurde der Krieg in die Länge gezogen. Durch Marius – einen „homo novus" –, der aufgrund seiner Tüchtigkeit die Konsulwürde errungen hatte, prangert Sallust die Dekadenz des Adels in Rom an.

Vergleicht nun, Quiriten, mich, den Emporkömmling, mit dem Hochmut jener. Was jene zu hören oder zu lesen pflegen, davon[1] habe ich einen Teil gesehen, anderes selbst[2] ausgeführt; was jene aus Schriften (in der Theorie) (wissen), habe[3] ich durch Militärdienst[4] gelernt. Nun entscheidet ihr, ob[5] Taten oder Worte mehr wert[6] sind. Sie verachten meine bürgerliche Abstammung, ich deren Trägheit; mir wird meine niedrige Stellung vorgeworfen, ihnen ihre Schandtaten. Freilich[7] glaube ich, dass es nur eine gemeinsame Natur für alle gibt, aber, dass gerade die Tapfersten[8] äußerst adlig sind. Und wenn[9] man die Eltern eines Albinus oder Bestia fragen könnte, ob sie lieber wollten, dass ich oder jene von ihnen abstammten, was glaubt ihr, werden sie antworten, außer, dass sie möglichst tüchtige Kinder haben wollten. Wenn sie mich aber mit Recht verachten, sollen sie es ebenso[10] mit ihren Vorfahren[11] tun, denen, wie bei mir, ihr Adel aus der Tüchtigkeit herrührt. Sie sind neidisch auf[12] mein Ehrenamt: also sollen sie auch meine Anstrengung, meine Unbescholtenheit, sogar meine Gefahren beneiden, da ich durch diese jenes Amt erworben habe.

Indessen verbringen jene von Hochmut[13] verdorbenen[14] Menschen ihr Leben gleichsam so, als verachteten[15] sie eure Ehrenämter; andererseits[16] bewerben sie sich so darum, als ob sie ehrenvoll gelebt hätten[17]. Wahrhaftig liegen jene falsch, die die gegensätzlichsten Dinge in gleicher Weise erwarten, das Vergnügen der Trägheit und die Belohnungen für Tüchtigkeit. Und auch, wenn[18] sie vor euch oder im Senat sprechen, loben sie häufig[19] in ihrer Rede ihre Vorfahren: indem sie deren tapfere Taten erwähnen[20], glauben sie (selber) berühmter zu sein. Das Gegenteil ist der Fall! Je glänzender[21] das Leben jener war, desto schmachvoller ist deren Schlaffheit.

[1] eorum *greift das* quae *des Rel.–Satzes auf, also* **N**. *Pl.*
[2] ego-met *das Suffix dient nur der Verstärkung*
[3] *Lat. Perf:* → *Feststellung, Wertung* → *im Dt Perf.*
[4] *Gerundium*
[5] *indir. FS: bei Doppelfragen kann das einleitende Fragepartikel fehlen*
[6] pluris esse *gen. pretii zur Bez. der Wertangabe*
[7] quamquam *im HS: dennoch, freilich*
[8] **Merke**: optimus quisque – *gerade die besten* quisque *hier „angelehnt" an Superlativ*
[9] *Satzbild zur Analyse:*
[Si quaeri posset,
  ↳(ind. FS) mene an illos ex se gigni maluerint (aci)]
HS: quid (eos) responsuros (esse) creditis (≈ nihil, nisi)
  was – glaubt ihr – würden diese antworten
  nisi *(außer)* se liberos quam optimos (esse) voluisse
            aci ↵
[10] item – *ebenso* ↔ idem – *derselbe*
[11] *(in welchem Bereich?)* abl. limitationis
[12] invidēre... *(mit Dativobjekt)*

[13] *gehört von Stellung und Sinn her zum NV* **und** *HV!*
[14] *hier:* **attributiv** *(also nicht die anderen!)*
[15] *Konj. Präs.* → *Potentialis*
[16] *im Lat. Asyndeton*
[17] vīxerint: vīxī (vivere) ↔ vīcī (vincere)!!
[18] cum + Ind. iterativ: *jedes Mal, wenn*
[19] pleraque: *prädikativ auf* oratione *bezogen, statt* plerumque *(Adv.)*
[20] *Lat:* memorando → *(Akk.-Obj.)* fortia facta
  Dt: Durch das Erwähnen → *(Gen.-Attr.) tapferer Taten*
  Merke: *Gerundium ist Verbalsubstantiv*
    ↳ *es wird dekliniert, kann aber (wie das Verbum) ein Objekt und ein Adverb bei sich führen*
[21] quanto...tanto *Korrelativpronomina im abl. mensurae (um wieviel / je...,
    ... um soviel / desto...)*

Prüfungstexte

III. Texte zur mündlichen Latinumsprüfung

1. Cicero

a) Lesen Sie den Text und übersetzen Sie dann!

Ein römischer Redner bewirbt sich um die Anklage gegen Verres!

Siciliam provinciam C. Verres per triennium depopulatus esse, Siculorum civitates vastasse, domos exinanisse, fana spoliasse dicitur. Adsunt, queruntur Siculi universi; ad meam fidem, quam habent spectatam iam et cognitam, confugiunt; auxilium sibi per me a vobis atque a populi Romani legibus petunt; me defensorem calamitatum suarum, me ultorem iniuriarum, me cognitorem iuris sui, me actorem causae totius esse voluerunt.

Z. 2   exinanire   ausleeren, ausplündern;
Z. 3   spectare   prüfen, erproben

1. Welche Konstruktion bestimmt Satz 1?
2. Erklären Sie die Form „spectatam" in Z. 3!
3. Welche Konstruktion bestimmt den letzten Satz?
4. Bestimmen Sie den Kasus und die Funktion von „calamitatum" in Z. 4!
5. Nennen Sie auffallende Stilmittel!
6. Fassen Sie den Text kurz zusammen!
7. Für welche Prozessart bewirbt sich der Redner hier als Ankläger?
8. Erklären Sie inhaltlich den Satz (Z. 3) „ad meam fidem. quam [...] cognitam"!
9. Welche Bedeutung hatte Sizilien für Rom?
10. Wie funktionierte das System der römischen Provinzverwaltung?

b) Lesen Sie den Text und übersetzen Sie dann!

Venio nunc non iam ad furtum, non ad avaritiam, non ad cupiditatem, sed ad eius modi facinus, in quo omnia nefaria contineri mihi atque inesse videantur.
In quo di immortales violati, existimatio atque auctoritas nominis populi Romani imminuta, hospitium spoliatum ac proditum, abalienati scelere istius a nobis omnes reges amicissimi nationesque, quae in eorum regno ac dicione sunt.

Z. 1 furtum, i n	Diebstahl
Z. 3 existimatio, ionis f	guter Ruf, Wertschätzung
Z. 4 abalienare	jemanden entfremden

1. Begründen Sie den Konjunktiv in Z. 2 „videantur"!
2. Welche Konstruktion bestimmt den Relativsatz in Z. 2?
3. Erklären Sie den Satzbeginn in Z. 3!
4. Bestimmen und erklären Sie die Form „amicissimi" in Z. 5!
5. Nennen Sie auffallende Stilmittel!
6. Fassen Sie den Text kurz zusammen!
7. An welches Verbrechen mag Cicero gedacht haben?
8. Wer war Ciceros Prozessgegner?
9. Welche Bedeutung hatte dieser Prozess für Cicero?
10. Nennen Sie andere Römer, gegen die Cicero als Redner aufgetreten ist!

c) Lesen Sie den Text und übersetzen Sie dann!

Im Jahre 66 v. Chr. fordert Cicero einen Krieg:

Qua re videte, num dubitandum vobis sit omni studio ad id bellum incumbere, in quo gloria nominis vestri, salus sociorum, vectigalia maxima, fortunae plurimorum civium coniunctae cum re publica defendantur.

Quoniam de genere belli dixi, nunc de magnitudine pauca dicam. Potest hoc enim dici belli genus esse ita necessarium, ut sit gerendum, non esse ita magnum, ut sit pertimescendum.

Z. 4   quoniam   *hier*: nachdem (rekapitulierende Übergangsformel)
       potest   *hier*: hier als Potentialis zu werten: es könnte....

1. Erklären Sie die Form „dubitandum" in Z. 1!
2. Begründen Sie die Moduswahl in Z. 3 „defendantur"!
3. Wie wird die nd-Form in Z. 6 gebraucht?
4. Nennen Sie auffallende Stilmittel!
5. Fassen Sie den Text kurz zusammen!
6. Um welchen Krieg handelt es sich?
7. Deuten Sie das Wort in Z. 5 „necessarium"!
8. Deuten Sie ebenso: "non esse ita magnum, ut sit pertimescendum"!
9. Wer sollte nach Meinung Ciceros den Oberbefehl in diesem Krieg bekommen?
10. Warum musste der Senat erst überzeugt werden?

d) Lesen Sie den Text und übersetzen Sie dann!

Cicero setzt sich für einen Senator ein:

Cato negat esse eiusdem severitatis Catilinam exitium rei publicae intra moenia molientem verbis et paene imperio ex urbe expulisse et nunc pro L. Murena dicere. Ego autem has partes lenitatis et misericordiae, quas me natura ipsa docuit, semper egi libenter, illam vero gravitatis severitatisque personam non appetivi, sed a re publica mihi impositam sustinui, sicut huius imperi dignitas in summo periculo civium postulabat.

Z. 4   persona, ae f   Rolle

1. Bestimmen Sie Kasus und Funktion von „severitatis" in Z. 1!
2. Bestimmen Sie Kasus und Funktion von „civium" in Z. 5!
3. Nennen Sie auffallende Stilmittel!
4. Fassen Sie den Text kurz zusammen!
5. Warum stufte Cicero die Gefahr, die von Catilina für den Staat ausging, so hoch ein?
6. Worin bestand sonst noch Ciceros Leistung für Rom?
7. Wann hat sich Cicero mit philosophischen Fragen befasst?
8. Nennen Sie einige philosophische und rhetorische Werke Ciceros!

Prüfungstexte

e) Lesen Sie den Text und übersetzen Sie dann!

Quid? ut hesterno die, cum domi meae paene interfectus essem, senatum in aedem Iovis Statoris convocavi, rem omnem ad patres conscriptos detuli. Quo cum Catilina venisset, quis eum senator appellavit, quis salutavit, quis denique ita adspexit ut perditum civem ac non potius ut importunissimum hostem? Quin etiam principes eius ordinis partem illam subselliorum, ad quam ille accesserat, nudam atque inanem reliquerunt.

Z. 1	hesternus, a, um	gestrig
Z. 5	subsellium, i n	Sitzreihe

1. Bestimmen Sie Kasus und Funktion in Z. 1 „hesterno die"!
2. Erläutern Sie den Satzbau in Z. 2/3!
3. Bestimmen Sie Kasus und Funktion in Z. 5 „subselliorum"!
4. Wie ist der Gebrauch der Adjektive „nudus" und „inanis" in Z. 6?
5. Nennen Sie ein auffallendes Stilmittel!
6. Fassen Sie den Text kurz zusammen!
7. Worum handelt es sich bei der catilinarischen Verschwörung?
8. Welche berühmten Römer sollen Catilinas Förderer gewesen sein?
9. Welche politische Handhabe hatte Cicero gegen Catilina?
10. Welche Folgen hatte Ciceros Einsatz bei der Verschwörung Catilinas?

f) Lesen Sie den Text und übersetzen Sie dann!

Haec est una via, mihi credite, et laudis et dignitatis et honoris: a bonis viris sapientibus et bene natura constitutis laudari et diligi, nosse descriptionem civitatis a maioribus nostris sapientissime constitutam; qui cum regum potestatem non tulissent, ita magistratus annuos creaverunt, ut consilium senatus rei publicae praeponerent, deligerentur autem in id consilium ab universo populo aditusque in illum summum ordinem omnium civium industriae ac virtuti pateret.

Z. 2   descriptio, ionis f   Ordnung

1. Erklären Sie Kasus und Funktion von „laudis" und „dignitatis" in Z. 1!
2. Erklären Sie die Form „nosse" in Z. 2!
3. Bestimmen Sie die Art des „ut"-Satzes in Z. 4!
4. Nennen Sie auffallende Stilmittel!
5. Fassen Sie den Text kurz zusammen!
6. Auf welcher Grundlage beruht die römische Staatsordnung?
7. Wie nennt man die römische Verfassung?
8. Was war die Voraussetzung, um an Wahlen teilzunehmen?
9. Wie setzt sich der Senat zusammen und wie wird in ihm abgestimmt?
10. Welche besondere Bedeutung hat der Gedanke in der letzten Zeile für Cicero?

Prüfungstexte

g) Lesen Sie den Text und übersetzen Sie dann!

Cicero setzt sich bei Caesar für seinen Parteifreund M. Marcellus ein.

Tantus est enim splendor in laude vera, tanta in magnitudine animi et consili dignitas, ut haec a virtute donata, cetera a fortuna commodata esse videantur. Noli igitur in conservandis bonis viris defatigari; non enim tua ulla culpa est, si te aliqui timuerunt, contraque summa laus, quod minime te timendum fuisse senserunt.

Z. 2   haec   *(bezieht sich auf „splendor" und „dignitas")*
cetera   *(gemeint sind die Kriegstaten Caesars)*

1. Bestimmen Sie den Nebensatz in Z. 2!
2. Wie lässt sich im Lateinischen eine Aufforderung negieren?
3. Wie wird die nd-Form in Z. 3 gebraucht?
4. Bestimmen Sie den Nebensatz in Z. 4!
5. Nennen Sie auffallende Stilmittel!
6. Fassen Sie den Text kurz zusammen!
7. Was ist die "clementia Caesaris"?
8. Wie war das Verhältnis zwischen Caesar und Cicero?
9. Wann und warum wurde Caesar ermordet?
10. Welchen Fehler haben die Caesarmörder in den Augen Ciceros begangen?

h) Lesen Sie den Text und übersetzen Sie dann!

In einer für den Staat gefährlichen Lage sagt Cicero Folgendes:

Defendi rem publicam adulescens, non deseram senex; contempsi Catilinae gladios, non pertimescam tuos. Quin etiam corpus libenter obtulerim, si repraesentari morte mea libertas civitatis potest. Mihi vero, patres conscripti, iam etiam optanda mors est perfuncto rebus iis, quas adeptus sum quasque gessi. Duo modo haec opto, unum ut moriens populum Romanum liberum relinquam, alterum, ut ita cuique eveniat, ut de re publica quisque mereatur.

Z. 2   repraesentari   herbeiführen

1. Bestimmen Sie den Modus in Z. 2 „obtulerim"!
2. Bestimmen Sie Kasus und Funktion „morte mea" in Z. 2/3!
3. Erklären Sie die Konstruktionen in Z. 3/4!
4. Bestimmen Sie die Art der „ut"- Sätze in Z. 5/6!
5. Nennen Sie auffallende Stilmittel!
6. Fassen Sie den Text kurz zusammen!
7. Wen spricht Cicero an?
8. Nennen Sie Anlass und Ziel der Reden Ciceros gegen Antonius!
9. Cicero zieht zum Vergleich Catilina heran. Was will er damit bezwecken?
10. Wie war das Verhältnis zwischen Antonius und Octavian?

118 Prüfungstexte

i) Lesen Sie den Text und übersetzen Sie dann!

Cicero schreibt in einem Brief an seinen Freund Atticus:

Ipsum tamen Pompeium separatim ad concordiam hortabor. Sic enim sentio maximo in periculo rem esse. Vos scilicet plura, qui in urbe estis. Verum tamen haec video cum homine audacissimo paratissimoque negotium esse, omnes damnatos, omnes ignominia adfectos, omnes damnatione ignominiaque dignos illac facere, omnem fere iuventutem, omnem illam urbanam ac perditam plebem.

Z. 1 separatim   *Adv.* getrennt (von anderen)
Z. 3 negotium mihi esse cum   ich habe es zu tun mit
Z. 4 illac facere   auf jener Seite stehen

1. Erklären Sie die Satzstruktur in Z. 2 - 5!
2. Bestimmen Sie Kasus und Funktion von „ignominia" in Z. 4!
3. Nennen Sie auffallende Stilmittel!
4. Fassen Sie den Text kurz zusammen!
5. In welcher Situation wurde der Brief geschrieben?
   Wo befindet sich Cicero?
6. Welche Rolle spielte Pompeius in Rom während der Abwesenheit Caesars?
7. Welche politische Bedeutung hatte Caesars Überschreiten des Rubikon?
8. Wie verlief der Bürgerkrieg und welche Parteien standen sich darin gegenüber?

j) Lesen Sie den Text und übersetzen Sie!

Scipio Afrikanus, dem Karthagobezwinger und Begründer des sogenannten Scipionenkreises, erscheint im Traum sein Adoptivgroßvater und sagt ihm u. a. folgendes:

Sed quo sis, Africane, alacrior ad tutandam rem publicam, sic habeto: omnibus, qui patriam conservaverint, adiuverint, auxerint, certum esse in caelo definitum locum, ubi beati aevo sempiterno fruantur; nihil est enim illi principi deo, qui omnem mundum regit, acceptius quam concilia coetusque hominum iure sociati, quae 'civitates' appellantur; harum rectores et conservatores hinc profecti huc revertuntur.

Z. 1   tutari   Frequentativum zu tueri
Z. 3   aevum, i n   Ewigkeit

1. Begründen Sie den Modus in Z. 1 „sis"!
2. Begründen Sie den Modus in Z. 2 „conservaverint", „adiuverint", „auxerint"!
3. Erklären sie den Gebrauch der nd-Form in Z. 1!
4. Erklären Sie die Form „acceptius" in Z. 4!
5. Welche Stilfiguren befinden sich im Text?
6. Fassen Sie die Aussage kurz zusammen!
7 Beziehen Sie diese Gedanken auf Ciceros Leben!
8. Erklären Sie den „cursus honorum"!
9. Wie verlief Ciceros Karriere?
10. Was stand Ciceros Karriere im Wege?

120 Prüfungstexte

2. Sallust

a) Lesen Sie den Text und übersetzen Sie dann!

Über das Ende eines für den römischen Staat gefährlichen Bürgerkrieges.

Neque tamen exercitus populi Romani laetam aut incruentam victoriam adeptus erat; nam strenuissumus quisque aut occiderat in proelio aut graviter volneratus discesserat. Multi autem, qui e castris visundi aut spoliandi gratia processerant, volventes hostilia cadavera amicum alii, pars hospitem aut cognatum reperiebant; fuere item, qui inimicos suos cognoscerent. Ita varie per omnem exercitum laetitia, maeror, luctus atque gaudia agitabantur.

Z. 4   cognatus, i m   Blutsverwandter
Z. 5   varie *(Adv.)*   auf verschiedene Weise
Z. 6   agitare, o   *hier:* passiv: es herrschte

1. Erklären Sie die nd-Form in Z. 3!
2. Erläutern Sie die Satzstruktur in Z. 3 / 4!
3. Welche Stilmittel befinden sich im Text?
4. Fassen Sie den Text kurz zusammen!
5. Um welchen Bürgerkrieg handelt es sich?
6. Charakterisieren Sie Catilina!
7. Warum wurde Catilina von Cicero zum "hostis" erklärt?
8. Welche offizielle Befugnis hatte Cicero, um Catilina zu bekämpfen?

b) Lesen Sie den Text und übersetzen Sie dann!

Ceterum mos partium et factionum ac deinde omnium malarum artium paucis ante annis Romae ortus est otio atque abundantia earum rerum, quae prima mortales ducunt. Nam ante Carthaginem deletam populus et senatus Romanus placide modesteque inter se rem publicam tractabant, neque gloriae neque dominationis certamen inter civis erat: metus hostilis in bonis artibus civitatem retinebat.

Z. 1   partes et factiones   Parteien und Cliquen

1. Bestimmen Sie den Gebrauch von „ante" in Z. 1!
2. Bestimmen Sie Kasus und Funktion von „Romae" in Z. 2!
3. Erklären Sie den Gebrauch von „prima" in Z. 2!
4. Bestimmen Sie Kasus und Funktion von „gloriae" in Z. 4!
5. Von welchem Autor stammt der Text? Belegen Sie!
6. Fassen Sie den Text kurz zusammen!
7. Wann wurde Karthago zerstört?
8. Welche sozialen Probleme erwuchsen in Rom aus der Expansionspolitik?
9. Welche Parteien gab es in Rom?
10. Welches politische Programm war der „Zankapfel" zwischen den Parteien?

122 Prüfungstexte
IV. Lösungen zu den mündlichen Prüfungsaufgaben

1. Cicero

a) in Caecilium divinatio IV 11

In dieser Rede („divinatio" – „Mutmaßung": die Richter müssen im Vorfeld einer Anklage mutmaßen, wer der geeignetste Ankläger in diesem Prozess sei) bewarb sich Cicero zum ersten und auch letzten Mal als Ankläger – eine Aufgabe, die sonst wenig ehrenhaft war und häufig von profitgierigen Juristen übernommen wurde. In diesem Fall bewogen ihn zwei Gründe: zum einen war sein Gegner ein „Busenfreund" des Angeklagten Verres und Quästor unter diesem gewesen, so dass ein fairer Ausgang des Prozesses höchst fraglich erschien, zum andern fühlte Cicero sich durch die persönlichen Bitten der Sikuler moralisch zu diesem Schritt verpflichtet.

Siciliam provinciam C. Verres per triennium depopulatus esse, Siculorum civitates vastasse, domos exinanisse, fana spoliasse dicitur. Adsunt, queruntur Siculi universi; ad meam fidem, quam habent spectatam iam et cognitam, confugiunt; auxilium sibi per me a vobis atque a populi Romani legibus petunt; me defensorem calamitatum suarum, me ultorem iniuriarum, me cognitorem iuris sui, me actorem causae totius esse voluerunt.

Gaius Verres soll[1] (hat - so wird gesagt -) die Provinz Sizilien drei Jahre lang verwüstet, die Gemeinden der Sikuler verheert, die Häuser ausgeplündert, die Heiligtümer beraubt haben. Es sind anwesend, es klagen[2] sämtliche Sikuler; zu meiner Treue, die sie schon erprobt und erkannt haben[3], nehmen sie Zuflucht; Hilfe erbitten[4] sie durch mich von euch und den Gesetzen des römischen Volkes; sie haben gewollt[5], dass ich der Verteidiger[6] ihrer Unglücksfälle, ich der Rächer[6] der Beleidigungen[7], ich der Vertreter[6] ihres Rechts[7], ich der Kläger[6] der ganzen Angelegenheit[7] sei.	[1] dicitur→nci: Verres (...) depopulatus esse, vasta(vi)sse, exinani(vi)sse, spolia(vi)sse (*Kurzformen!*) [2] quĕruntur (quĕri – *klagen*), nicht zu verwechseln mit quaeruntur, (quaerere – *etw. zu erreichen suchen*) [3] PPP + habere ~ *etwas als in der Vergangenheit Vollendetes besitzen* [4] petere – *etwas von jmdm. zu erreichen suchen*, *etwas von jmdm. erbitten, jmdn. um etw. bitten* [5] voluĕrunt→aci: me defensorem (...) esse [6] *Wortbildungslehre (Erspare die Zeit fürs Lexikon!):* defens-or = PPP-Stamm defens-us *von* defendere **Regel:** *Die von einem PPP-Stamm abgeleiteten Substantive auf –or (m) geben den **Beruf** wieder, auf -io (f) die **Tätigkeit/Produkt**.* [7] calamitatum, iniuriarum ... *gen.obiectivus*

1. – 4. siehe Kommentar
5. Z. 1 Alliteration (provinciam, per, depopulatus); Z. 2: Asyndeton und Klimax, ebenso Z. 5/6 dazu Anapher (me..)
6. Cicero nennt die Anklagepunkte gegen Verres und betont, dass die Sikuler ihn ausdrücklich zum Kläger erbitten.
7. Es handelt sich um einen Repetundenprozess – ein Verfahren gegen römische Amtsträger wegen Erpressung und Ausbeutung römischer Provinzen.
8. Cicero war im Jahr 75 v. Chr. Quästor in Sizilien gewesen und hat sich dort so fair und gerecht verhalten, dass die Sikuler ein derartiges Vertrauen zu ihm fassten, dass sie ihn baten, ihre Interessen als Kläger gegen Verres zu vertreten.
9. Sizilien war die erste Provinz Roms, die sie im 1. punischen Krieg erworben hatten. Wirtschaftlich war Sizilien interessant wegen der Fruchtbarkeit (Kornkammer Roms).
10. Rom und seine Provinzen waren in einem Treueverhältnis verpflichtet. Rom garantierte den Schutz nach außen, die Provinzen stellten Soldaten und zahlten Steuern. Die Verwaltung oblag einem Statthalter i. d. R. einem gewesenen Konsul (Prokonsul) oder Prätor (Proprätor), der auch verantwortlich war für die Steuereinnahmen, auch wenn für die Eintreibung der Steuern sogenannte Steuerpächter eingesetzt wurden. Diese zahlten am Anfang des Jahres die Gesamtsteuersumme an Rom und ließen dann in der Provinz durch Steuereintreiber die Schuld mit oft hohen Gewinnen eintreiben.

b) in Verrem II 4, 60

In dieser Rede („divinatio" – „Mutmaßung": die Richter müssen im Vorfeld einer Anklage mutmaßen, wer der geeignetste Ankläger in diesem Prozess sei) bewarb sich Cicero zum ersten und auch letzten Mal als Ankläger – eine Aufgabe, die sonst wenig ehrenhaft war und häufig von profitgierigen Juristen übernommen wurde. In diesem Fall bewogen ihn zwei Gründe: zum einen war sein Gegner ein „Busenfreund" des Angeklagten Verres und Quästor unter diesem gewesen, so dass ein fairer Ausgang des Prozesses höchst fraglich erschien, zum andern fühlte Cicero sich durch die persönlichen Bitten der Sikuler moralisch zu diesem Schritt verpflichtet.

Siciliam provinciam C. Verres per triennium depopulatus esse, Siculorum civitates vastasse, domos exinanisse, fana spoliasse dicitur. Adsunt, queruntur Siculi universi; ad meam fidem, [quam habent spectatam iam et cognitam], confugiunt; auxilium sibi per me a vobis atque a populi Romani legibus petunt; me defensorem calamitatum suarum, me ultorem iniuriarum, me cognitorem iuris sui, me actorem causae totius esse voluerunt.

Gaius Verres soll[1] (hat - so wird gesagt -) die Provinz Sizilien drei Jahre lang verwüstet, die Gemeinden der Sikuler verheert, die Häuser ausgeplündert, die Heiligtümer beraubt haben. Es sind anwesend, es klagen[2] sämtliche Sikuler; zu meiner Treue, die sie schon erprobt und erkannt haben[3], nehmen sie Zuflucht; Hilfe erbitten[4] sie durch mich von euch und den Gesetzen des römischen Volkes; sie haben gewollt[5], dass ich der Verteidiger[6] ihrer Unglücksfälle, ich der Rächer[6] der Beleidigungen[7], ich der Vertreter[6] ihres Rechts[7], ich der Kläger[6] der ganzen Angelegenheit[7] sei.	[1] dicitur→nci: Verres (...) depopulatus esse, vasta(vi)sse, exinani(vi)sse, spolia(vi)sse (Kurzformen!) [2] queruntur (queri – klagen), nicht zu verwechseln mit quaeruntur, (quaerere – etw. zu erreichen suchen) [3] PPP + habere ~ etwas als in der Vergangenheit Vollendetes besitzen [4] petere – etwas von jmdm. zu erreichen suchen, etwas von jmdm. erbitten, jmdn. um etw. bitten [5] voluerunt→aci: me defensorem (...) esse [6] Wortbildungslehre (Erspare die Zeit fürs Lexikon!): defens-or = PPP-Stamm defens-us von defendere **Regel:** Die von einem PPP-Stamm abgeleiteten Substantive auf –**or** (m) geben den **Beruf** wieder, auf -**io** (f) die **Tätigkeit/Produkt**. [7] calamitatum, iniuriarum ... gen.obiectivus

1. – 4. siehe Kommentar

5. Z. 1 Alliteration (provinciam, per, depopulatus); Z. 2: Asyndeton und Klimax, ebenso Z. 5/6 dazu Anapher (me..)

6. Cicero nennt die Anklagepunkte gegen Verres und betont, dass die Sikuler ihn ausdrücklich zum Kläger erbitten.

7. Es handelt sich um einen Repetundenprozess – ein Verfahren gegen römische Amtsträger wegen Erpressung und Ausbeutung römischer Provinzen.

8. Cicero war im Jahr 75 v. Chr. Quästor in Sizilien gewesen und hat sich dort so fair und gerecht verhalten, dass die Sikuler ein derartiges Vertrauen zu ihm fassten, dass sie ihn baten, ihre Interessen als Kläger gegen Verres zu vertreten.

9. Sizilien war die erste Provinz Roms, die sie im 1. punischen Krieg erworben hatten. Wirtschaftlich war Sizilien interessant wegen der Fruchtbarkeit (Kornkammer Roms).

10. Rom und seine Provinzen waren in einem Treueverhältnis verpflichtet. Rom garantierte den Schutz nach außen, die Provinzen stellten Soldaten und zahlten Steuern. Die Verwaltung oblag einem Statthalter i. d. R. einem gewesenen Konsul (Prokonsul) oder Prätor (Proprätor), der auch verantwortlich war für die Steuereinnahmen, auch wenn für die Eintreibung der Steuern sogenannte Steuerpächter eingesetzt wurden. Diese zahlten am Anfang des Jahres die Gesamtsteuersumme an Rom und ließen dann in der Provinz durch Steuereintreiber die Schuld mit oft hohen Gewinnen eintreiben.

Prüfungstexte

c) de imperio Cn. Pompei 19/20

Anlass zu dieser ersten Staatsrede war die Opposition des Q. Hortensius und Q. Catulus gegen den Antrag des Volkstribunen C. Manilius, den gesamten Oberbefehl für den Krieg gegen den König Mithridates dem Pompeius zu erteilen. Die Gegner dieses Antrags befürchteten in der Verleihung eines weiteren „imperium extraordinarium" an Pompeius eine zu große Bündelung von Macht in der Hand eines einzigen Mannes und sahen darin eine Gefahr für den Bestand der Republik.

Quā rē videte, num dubitandum vobis sit omni studio ad id bellum incumbere, in quo gloria nominis vestri, salus sociorum, vectigalia maxima, fortunae plurimorum civium coniunctae cum rē publicā defendantur. Quoniam de genere belli dixi, nunc de magnitudine pauca dicam. Potest hoc enim dici belli genus esse ita necessarium, ut sit gerendum, non esse ita magnum, ut sit pertimescendum.

| Deshalb seht[1] darauf, ob ihr zögern dürft[2], mit allem Eifer diesen Krieg zu betreiben, in dem die Ehre eures Namens, das Wohl der Bundesgenossen, die größten Steuereinkünfte, das Vermögen sehr vieler Bürger, das mit dem Staat (der Staatswirtschaft) verbunden ist, verteidigt werden[3]. Nachdem ich (bereits) über die Art des Krieges gesprochen habe, werde[4] ich jetzt noch wenige Worte über die Größe des Krieges sagen. Denn es könnte[5] gesagt werden, dass die Art des Krieges so notwendig sei, dass[6] er geführt werden, aber nicht so groß (gefährlich) ist, dass er gefürchtet[7] werden müsse. | [1] videte → ind. FS.(Fragew.+Konj.) num dubitandum sit
[2] dubitandum est *man muss zögern*, aber da die rhetorische Frage eine Verneinung erwartet: *ob man zögern darf*. (prädikativer Gebrauch)

[3] Begründung des Konjunktivs:
  1. konsek.: bellum, quod tale est, ut in eo (...)
  2. final: ut in eo (...)
[4] dicam, *hier Ind. Futur*: Cicero kündigt sein Konzept an.
[5] i. Dt. wird auch das Können als Potentialis gewertet, der Lateiner sieht das Können als Realis an. (Ind.)
[6] ita – ut *konsekutiv*
[7] pertime**sc**endum, *Verba incohativa (auf sc) drücken den Beginn einer Entwicklung aus (z. B. nōscere)* Gerundivum + esse (prädikativer Gebrauch) |

1. – 3. siehe Kommentar
4. Z. 5 (non esse) adversatives Asyndeton und Parallelismus
5. Cicero betont die wirtschaftliche Bedeutung des Krieges und kündigt an, dass er nun über das Ausmaß des Krieges reden will.
6. Es handelt sich um den 3. Krieg gegen Mithridates, den König von Pontus. Lucius L. Lucullus hatte Mithridates zwar schwere Niederlagen zugefügt, war aber aufgrund einer Meuterei seiner Soldaten abberufen worden.
7. Der Krieg war notwendig, da die Provinz Asia in Gefahr war. Diese Provinz hatte für Rom eine große wirtschaftliche Bedeutung, da der römische Kapitalmarkt mit dem in der Provinz eng verflochten war, und der Verlust dieser Provinz zu einer großen Wirtschaftskrise führen würde. Cicero, der aus dem Ritterstand kam, fühlte sich mit den „Equites", die ja in Rom die „Finanzmacht" vertraten, besonders verbunden.
8. Cicero will in diesen bedeutenden Krieg unbedingt den besten Feldherrn schicken. Deshalb darf dieser Krieg nicht von den Senatoren auf „die leichte Schulter" genommen und irgendein Feldherr damit betraut werden.
9. Der beste Feldherr ist nach Meinung Ciceros Gnaeus Pompeius, der von Jugend an Soldat war, unter Sulla eigenständig Kriege geführt hat, in der Entscheidungsschlacht gegen Spartakus gesiegt und in 40 Tagen den Seeräuberkrieg beendet hat.
10. Der Senat befürchtete, dass Pompeius nach einem Sieg zu mächtig werde und sich vielleicht wie Sulla gegen Rom wenden und zum Diktator aufschwingen werde. Die Sorge war unberechtigt, da Pompeius nach seiner Rückkehr sein Heer entlassen hatte.

d) pro Murena 6

Im Konsulatsjahr Ciceros wurde L. Licinius Murena zum Konsul für das Jahr 62 v. Chr. gewählt. Dessen Mitbewerber Servius Sulpicius konnte seine Niederlage nicht verwinden und erhob gegen Murena Anklage auf gesetzwidrige Beeinflussung der Wähler. Cicero musste angesichts der politischen Unsicherheit durch die Banden Catilinas, der ja bei der Wahl ebenfalls durchgefallen war, unbedingt verhindern, dass Sulpicius mit seinem Antrag Erfolg habe. Bei einer Verurteilung Murenas hätte Rom im Jahr 62 v. Chr. nur einen Konsul gehabt, und das hätte eine erhebliche Schwächung der Widerstandskraft gegen Catilina bedeutet.

Cato negat esse eiusdem severitatis Catilinam exitium rei publicae intra moenia molientem verbis et paene imperio ex urbe expulisse et nunc pro L. Murena dicere. Ego autem has partes lenitatis et misericordiae, quas me natura ipsa docuit, semper egi libenter, illam vero gravitatis severitatisque personam non appetivi, sed a re publica mihi impositam sustinui, sicut huius imperi dignitas in summo periculo civium postulabat.

Cato behauptet, dass es nicht[1] Zeichen der gleichen Strenge sei[2] (dass nicht die gleiche Strenge angewandt werde), Catilina, der den Untergang des Staates innerhalb der Mauern (in Rom) anzettele, mit Worten und beinahe einem Befehl aus der Stadt getrieben zu haben und jetzt für Murena zu sprechen. Ich aber habe immer gerne die Seiten des Mitleids und der Milde, die mich die Natur selbst gelehrt[3] hat, ausgeübt, (aber)[4] die Rolle des Ernstes oder der Strenge habe ich nicht gefordert, sondern, da der Staat sie mir auferlegt hat[5], ertragen, wie die Würde dieses Amtes sie in der höchsten Gefahr für die Bürger[6] forderte.	[1] negare → aci *(leugnen)*, sagen, dass *nicht* [2] severitatis est ..+Inf. *es ist ein **Zeichen** von Strenge* **Regel:** *Fehlt bei esse das Substantiv zum Gen.Attribut, so ergänze ein Signalwort:* **signum** *oder* **officium**, → *genitivus possessivus* [3] docēre *(wie im Dt.)* mit 2 Akk-Objekten!! [4] *adversatives Asyndeton* [5] (personam) *a re publica mihi impositam sustinui*. PC: *die Rolle ist mir vom Staat auferlegt worden* aktiv: *die Rolle, die der Staat mir auferlegt hat* [6] in summo periculo civium *genitivus obiectivus*

1. – 2. siehe Kommentar

3. Z. 1 Alliteration (esse eiusdem, moenia molientem); Z. 3/4 Chiasmus Z. 3/4 (partes lenitatis .. gravitatis personam); Hyperbaton (illam personam); Z. 4 adversatives Asyndeton

4. Cicero reagiert auf den Vorwurf Catos, dass er mit zweierlei Maß messe. Grundsätzlich tendiere er dahin, Milde zu zeigen, wenn aber die Bürger in Gefahr seien, müsse er die Strenge anwenden.

5. Sicher war es eine gefährliche Situation in Rom, zumal auch der SCU ausgesprochen wurde. Dass Cicero die Gefahr besonders hochspielt, liegt m. E. daran, dass er seinem Konsulat möglichst viel Bedeutung beimessen und sich selbst als Retter des Vaterlandes profilieren will.

6. Nach der Ermordung Caesars hat Cicero beherzt die Führung im Senat übernommen und Rom in einer schwierigen Lage geholfen. Als philosophischer Schriftsteller wurde er zum wichtigsten Vermittler zwischen der griechischen Philosophie und den Römern. Er hat mit einer eigens von ihm geschaffenen Fachsprache die Gedanken der Griechen für die Römer „aufbereitet". Sein Schwerpunkt liegt dabei auf ethischen Fragen und Staatsphilosophie.

7. Cicero hatte zwei Schaffensphasen: Nach seinem Exil war er politisch ohne Einfluss und zog sich deshalb 55 – 51 v. Chr. auf sein Landgut zurück, um sich der Schriftstellerei zu widmen. Die 2. Phase begann im Jahr 46 v. Chr. nach seiner Scheidung und dem Tod seiner Tochter.

8. 1. Phase: z. B. de oratore, de re publica, de legibus
   2. Phase: z. B. orator, de natura deorum, de senectute, de officiis

Prüfungstexte

e) in Catilinam II 12

Als Cicero im Jahr 63 v. Chr. Konsul war, initiierte L. Sergius Catilina eine Verschwörung gegen den Staat. Der Senat übertrug den Konsuln durch den „senatus consultum ultimum" unbeschränkte Vollmacht zur Rettung des Staates. Cicero, dem die Pläne der Verschwörer verraten worden waren, konnte das Unglück von Rom abwenden und erhielt den Ehrentitel „pater patriae". In 4 Reden wendet er sich gegen Catilina an das Volk und den Senat. Nachdem es Cicero gelungen war, mit seiner ersten Rede vor dem Senat Catilina zur Abreise aus Rom zu bewegen, wendet er sich am folgenden Tag mit seiner zweiten Rede an das Volk, berichtet über die Senatsverhandlung, klagt, dass noch zu viele Anhänger Catilinas in der Stadt seien, und ruft die Bürger zur Wachsamkeit und Vorsicht auf.

Quid? ut hesternō diē, cum domī meae paene interfectus essem, senatum in aedem Iovis Statoris convocavi, rem omnem ad patres conscriptos detuli. Quō cum Catilina venisset, quis eum senator appellavit, quis salutavit, quis denique ita adspexit ut perditum civem ac non potius ut importunissimum hostem? Quin etiam principes eius ordinis partem illam subselliorum, ad quam ille accesserat, nūdam atque inānem reliquērunt.

Was? Sobald[1] ich am gestrigen Tage[2], als ich in meinem Hause[3] beinahe ermordet worden wäre, den Senat in den Tempel des Jupiter Stator gerufen hatte, habe ich den ganzen Fall den Senatoren vorgetragen. Als[5] Catilina dorthin[4] gekommen war, welcher Senator hat ihn angesprochen, wer ihn begrüßt, wer schließlich hat ihn so[7] angeblickt wie einen verdorbenen Bürger und nicht vielmehr wie einen äußerst rücksichtslosen Staatsfeind? Ja sogar die ersten dieses Standes haben jenen Teil der Sitzreihen[8], auf den jener zugegangen war, leer und unbesetzt[9] zurückgelassen.	[1] ut + Ind. *sobald* [2] abl. *temporis* [3] *Lokativ* [4] quo? eo – *wohin? dorthin;* quo hier: Rel. Satzanschl. [5] cum + Konj. *cum historicum/Temporalsatz* [6] quis? *substantivisch gebr. Interrogativ-Pronomen. Rhetorische Frage:* → *Keiner!* [7] ita...ut – *so...wie* [8] gen. *partitivus* [9] *Prädikativ zu* partem

1. – 4. siehe Kommentar
5. Z. 3: Anapher, Trikolon und Klimax
6. Cicero schildert vor dem Volk die Situation im Senat, als Catilina ihn betreten hatte.
7. L. Sergius Catilina entstammte altem Adel, war hoch verschuldet, charakterlich verdorben. Nach dreimaliger vergeblicher Bemühung um das Konsulat wollte er 63 v. Chr. mit einer Verschwörung gewaltsam die Regierung beseitigen. Nachdem ein Mordversuch an Cicero gescheitert war, musste er überstürzt aus Rom fliehen. Cicero entlarvte seine Mitwisser in Rom und ließ sie im November 63 v.Chr. hinrichten. Catilina stellte sich im Februar 62 v. Chr. mit seinem Heer den Regierungstruppen und fiel in der Schlacht bei Pistoria.
8. Es waren Caesar und Crassus, die sich jedoch zurückgezogen haben, als Cicero Catilinas Absichten entdeckt hatte. Bei der Abstimmung über die Bestrafung der Catilinarier plädierte Caesar für die Verbannung und gegen die Todesstrafe.
9. Der Senat hatte den Ausnahmezustand erklärt und die Konsuln bemächtigt, alles zu unternehmen, um Schaden vom Staat abzuwenden: Senatus consultum ultimum (SCU) „Videant consules, ne quid detrimenti res publica capiat!"
10. Cicero war im Jahre 63 v. Chr. auf dem Höhepunkt seiner Karriere. Durch die Aufdeckung der Verschwörung hat er den Staat gerettet und wurde „pater patriae" genannt. Und genau diese Leistung wurde für ihn zum Verhängnis. Auf Grund des SCU fühlte Cicero sich im Recht, die Catilinarier ohne Gerichtsbeschluss hinrichten zu lassen. Sein Gegner Clodius brachte im Jahr 58 v. Chr. ein rückwirkendes Gesetz ein, nach dem kein römischer Bürger ohne Gerichtsbeschluss hingerichtet werden durfte. Cicero ging freiwillig in die Verbannung, sein Vermögen wurde eingezogen.

f) pro P. Sestio 137

In seiner Verteidigungsrede für Sestius, der wegen Gewaltanwendung während seines Tribunats angeklagt war, ergreift Cicero bei der Anfrage des Anklägers, was denn „nostra natio optimatium" sei, die Gelegenheit für einen längeren Exkurs über das politische System in Rom, seine Geschichte, seine Größe, aber auch über seine persönliche Einstellung dazu.

Haec est una via, - *mihi credite* -, et laudis et dignitatis et honoris: a bonīs virīs sapientibus et bene naturā constitutis laudari et diligi, nōsse descriptionem civitatis a maioribus nostris sapientissime constitutam; qui [cum regum potestatem non tulissent, ita magistratūs annuos creavērunt, ut consilium senatus rei publicae praeponerent, deligerentur autem in id consilium ab universo populo aditusque et in illum summum ordinem omnium civium industriae ac virtuti patēret].

Dies ist der einzige Weg, glaubt mir, zu Ruhm¹, Würde und Ehre: von guten Männern, die weise und von der Natur gut ausgestattet sind, gelobt und² geliebt zu werden, (sowie) die Ordnung des Staates, die von unseren Vorfahren sehr weise festgelegt worden ist, zu kennen³; diese haben, als sie die Macht der Könige nicht (mehr) ertragen hatten, jährliche Beamte in der Weise gewählt, dass⁴ sie dem Staat eine Versammlung des Senats an die Spitze setzten, dass sie in diesen Rat vom ganzen Volk gewählt würden und der Zugang in jenen höchsten Stand dem Fleiß und⁵ der Tüchtigkeit aller Bürger offenstünde.	¹ via laudis, dignitatis, honoris *genitivus obiectivus* ² **Regel:** *durch* **Konjunktion** *wird* <u>**Gleiches**</u> *verbunden.* laudari et diligi → Inf.Präs.Pass(!!) ³ nōsse *Kurzform für* novisse, *Inf. Perf. Akt von* noscere nōvi – *ich habe kennen gelernt, ich weiß (Präsens)* ⁴ *Finalsatz* ⁵ **Regel:** *durch* **Konjunktion** *wird* <u>**Gleiches**</u> *verbunden.* industriae ac virtuti: *beide Wörter im Dativ Sing.*

1. – 3. siehe Kommentar
4. Z. 1: Polysyndeton; Z. 1: Metapher (una via); Z 1/2 Hyperbaton (viris...constitutis); Z. 5 Homoioteleuton (omnium civium); Alliteration (ordinem omnium)
5. Lob und Anerkennung durch gute und weise Menschen, sowie Kenntnis der römischen Ordnung, die er knapp skizziert, sind für Cicero der Weg für Ruhm und Anerkennung.
6. Die wichtige Grundlage ist die Machtspaltung, so dass die Machtbefugnis in verschiedenen Händen lag: Konsuln (und die Beamten), der Senat und die Volksversammlung. Dazu kam das Prinzip der Annuität (Amtsdauer jeweils 1 Jahr) und Kollegialität (mindestens 2 Kollegen teilen sich ein Amt); Iterationsverbot für Konsuln (Neuwahl erst nach 10 Jahren).
7. Es ist eine **Mischverfassung**: Sie bestand zu gleichen Teilen aus **Demokratie** (Volksversammlung: Wahlen), **Monarchie** (Konsul: Leiter der Staatsgeschäfte, oberster Heerführer), **Aristokratie** (Senat: Beratung).
8. Man musste römischer Bürger sein (civis Romanus).
9. Der Senat setzt sich zusammen aus den Führern der Patrizierfamilien (Geburtsadel) und aus den Beamten, die zumindest die Quästur erreicht hatten, wodurch sie automatisch einen Senatssitz erhielten. Der Zensor konnte Senatoren aufgrund sittlicher Verfehlungen aus dem Senat ausschließen. Bei der Abstimmung begab man sich zu dem Senator, dessen Antrag man zustimmte.
10. Da Cicero ein "homo novus" war, musste er sich den Zugang zum Senatorenstand über seine Tüchtigkeit und seinen Fleiß erwerben.

128   Prüfungstexte

g)   pro Marcello 19

M. Claudius Marcellus hatte sich 48 v. Chr. dafür eingesetzt, dass Caesar frühzeitig aus Gallien abberufen werden solle. Später – nach Caesars Sieg über Pompeius – ging Marcellus in die Verbannung und wurde auf Ciceros und anderer Freunde Bitten im Jahr 45 v. Chr. von Caesar begnadigt. Die Rede „pro Marcello" ist eine Dankrede an Caesar, in der Cicero es nicht unterlassen konnte, ihm kleine politische Ratschläge zu geben.

Tantus est enim splendor in laude vera, tanta in magnitudine animi et consili dignitas, [ut haec a virtute donata, cetera a fortuna commodata esse videantur]. Noli igitur in conservandis bonis viris defatigari; non enim tua ulla culpa est, [si te aliqui timuerunt], contraque summa laus, [quod minime te timendum fuisse senserunt].

| So groß ist der Glanz im wahren Ruhm, so groß[1] das Ansehen in seiner geistigen Planung[2], dass[3] diese[4] von der Natur geschenkt zu sein scheinen[5], das übrige vom Glück anvertraut. Ermüde nicht[6] darin (Hör nicht damit auf), tüchtige Männer zu begnadigen[7]; denn du trägst keine[8] Schuld daran, wenn irgendwelche dich gefürchtet haben, im Gegenteil[9] bedeutet es höchstes Lob, dass[10] sie gespürt haben, dass du keineswegs gefürchtet werden musstest. | [1] *beachte:* tanta *ist Prädikatsnomen zu* dignitas
 [2] *Hendiadyoin*
 [3] tantus est, ut *Konsekutivsatz*
 [4] haec *Nom. Pl. Neutr.* .(splendor, **m**; dignitas, **f**)
 [5] haec…donata esse…videantur (*nci*)
 [6] noli + Inf = *verneinter Imperativ*
 [7] in conservandis viris (*eigentl.: bei der Rettung der M.*) *attributiver Gebrauch des Gerundivums*
 [8] non ulla ~ (neque quisquam *und niemand*)
 [9] **Merke:** *einige Präpositionen (*contra, ante, post*...) werden oft auch als* **Adverb** *gebraucht!*
 [10] „*faktisches* quod": *die Tatsache, dass* |

1. – 4. siehe Kommentar
5. Z. 1 Anapher (tantus…tantus); Chiasmus (splendor in laude…in magnitudine dignitas); Z. 2 adversatives Asyndeton
6. Cicero fordert Caesar auf, weiterhin seine persönlichen Gegner zu begnadigen.
7. Anders als Marius und Sulla rächte Caesar sich nicht an seinen politischen Feinden, sondern holte sie aus der (oft freiwilligen) Verbannung und lud sie ein, am Aufbau des „neuen Rom" teilzunehmen.
8. Auf Grund ihrer politischen Einstellung (Cicero: Optimat; Caesar: Popular) standen sich beide meist konträr gegenüber, z. B. bei der Verurteilung der Catilinarier oder bei Ciceros Verbannung, die nur durch Caesars Manipulation durchgeführt werden konnte. Auf der anderen Seite bemühte sich Caesar auch um Cicero, weil er ihm mit seinem Ansehen und seiner Beredsamkeit nützen konnte. Bei der Auseinandersetzung zwischen Caesar und Pompeius entschied sich Cicero für Pompeius. Nach Caesars Sieg wurde er von diesem begnadigt. Caesars Tod wurde jedoch von Cicero erleichtert aufgenommen.
9. Caesar wurde an den Iden des März (15. März.) 44 v. Chr. ermordet. Konservativ gesinnte Republikaner wollten die alte Republik wiederherstellen, in der die Macht in den Händen des Senats lag. Weitere Aspekte waren sicher auch Furcht, Neid und Missgunst in der Nobilität.
10. Die Caesarmörder haben „nur halbe Sache" gemacht, nämlich Antonius, Caesars Stellvertreter, geschont. So war die Macht nur in andere Hände gefallen. Weiterhin beklagte Cicero, dass sie kein Konzept für die „Zeit danach" entwickelt hätten.

h) Philippica II 118 – 119

> Nach der Ermordung Caesars war in den Augen der Konservativen – besonders für Cicero – die Chance gegeben, die alte **res publica libera** wiederherzustellen. Diese Hoffnung schien sich nicht zu erfüllen, als M. Antonius die Nachfolge Caesars beanspruchte. Cicero fühlte sich berufen, an der Spitze des Senates die Republik gegen Antonius zu verteidigen und zwar mit der Waffe, die er am besten beherrschte: dem Wort. In 14 „Philippischen Reden" (genannt nach dem Vorbild der 14 „Philippischen Reden", mit denen Demosthenes die attische Demokratie gegen Philipp von Makedonien hatte retten wollen) griff Cicero Antonius heftig an und versuchte so, die **res publica zu retten**.

Defendi rem publicam adulescens, non deseram senex; contempsi Catilinae gladios, non pertimescam tuos. Quin etiam corpus libenter obtulerim, si repraesentari morte mea libertas civitatis potest. Mihi vero, patres conscripti, iam etiam optanda mors est perfuncto rebus iis, quas adeptus sum et quasque gessi. Duo modo haec opto, unum ut moriens populum Romanum liberum relinquam, alterum, ut ita cuique eveniat, ut de re publica quisque mereatur.

Ich habe den Staat als junger Mann¹ (in meiner Jugend) verteidigt, ich werde ihn als Greis¹ (im Alter) nicht im Stich lassen; ich habe die Schwerter Catilinas verachtet, ich werde vor deinen nicht in Furcht geraten². Ja, ich würde sogar gerne mein Leben (meinen Körper) dahingeben (anbieten)³, wenn durch meinen Tod⁴ die Freiheit der Bürgerschaft herbeigeführt werden kann. Der Tod, versammelte Senatoren, ist für mich geradezu wünschenswert⁵, wenn (nachdem) ich⁵ die Dinge⁶, die ich erreicht und gemacht habe, ganz durchgeführt habe (zur Vollendung gebracht habe)⁶. Nur diese beiden Dinge wünsche ich: das eine, dass⁸ ich sterbend⁷ (bei meinem Tod) das römische Volk frei⁷ zurücklasse, das zweite, dass⁸ es einem jeden⁹ so ergeht, wie¹⁰ er (jeder) sich um den Staat verdient macht.	¹ prädikativ *zum Subjekt (ergänze: ego)* ² pertim**esc**ere – *verbum incohativum (sc), bezeichnet den Beginn eines Vorgangs* ³ obtulerim: (of-ferre) *Konj. Perfekt – Potentialis der Gegenwart, er drückt die Möglichkeit aus.* ⁴ abl.instr. ⁵ mihi iis rebus [quas .gessi] perfuncto mors optanda est ↪ *PC, ich habe die Dinge erledigt* ↩ *(praedik.Gerundivum)* ⁶ rebus iis – *Abl. instr. bei perfungi (perfunctus PPA)* ⁷ moriens – *Part. präs. hier prädikativ, ebenso* liberum *prädikativ übersetzen!* ⁸ opto, ut *Finalsatz* ⁹ quis-que, *Gen.:* cuius-que *(ein) jeder* ¹⁰ ita – ut *so - wie, (Konjunktiv: Attractio modi)*

1. – 4.	siehe Kommentar
5.	Parallelismus (defendi...adulescens – non deseram senex; contempsi...gladios – non pertimescam tuos); Antithese (contempsi – non p.; adulescens –senex; C. gladios – non tuos); Ellipse (non deseram rem publicam senex; non pertimescam tuos gladios); Alliteration (contempsi Catilinae gladios)
6.	Cicero versichert dem Senat, dass er sogar sein Leben hingäbe, wenn er so den Staat retten könne.
7.	Antonius, der Caesars Erbe beansprucht.
8.	Cicero stand auf Seiten der Republikaner und hatte die Ermordung Caesars gut geheißen. Antonius fühlte sich als legitimer Nachfolger Caesars mit der Absicht, dessen Machtposition zu übernehmen. Damit wäre das Attentat umsonst gewesen. Cicero versucht nun vehement, Antonius in seine Schranken zu verweisen. Gleichzeitig hofft er, den jungen Octavian (offizieller Erbe Caesars) in seinem Sinne als politisches Gegengewicht zu Antonius einsetzen und mit ihm die alte Res Publica wieder herstellen zu können.
9.	Catilina war es nicht gelungen, auf legalem Weg das Konsulat zu erreichen; deshalb wollte er gewaltsam (Revolution) die Macht im Staat erlangen. Nur durch Ciceros Wachsamkeit und mutiges Einschreiten wurde die Gefahr gebannt und Cicero zum Retter des Vaterlandes. *(vgl. „Nachgefragt!" A 59 S. 24)* Durch die Gleichsetzung will Cicero deutlich machen, dass von Antonius die gleiche Gefahr ausgeht. Auch er bewegt sich außerhalb der Legalität und will die Alleinherrschaft. Diese Lage erfordert wieder einen Retter, zu dem sich Cicero anbietet.
10.	Erst waren sie Rivalen um das Erbe Caesars, wobei Octavian (O) sich auf den Senat stützen konnte. Als Antonius (A) durch Lepidus (L) Hilfe bekam, hat O sich für A und gegen den Senat entschieden. Im Jahr 43 v. Chr. schließen sich O, A und L zum 2. Triumvirat zusammen. 31.v.Chr. besiegt O A in der Schlacht bei Actium.

130 Prüfungstexte

i) ad Atticum VII 3, 5

Ca. 850 Briefe privater und öffentlicher Art sind uns von Cicero erhalten. Diese Briefe sind nicht nur eine wichtige Quelle für die tagespolitischen Ereignisse in Rom, sondern vermitteln der Nachwelt einen tiefen Einblick in den Privatmann Cicero.
Drei Briefsammlungen sind entstanden: 1. ad Quintum fratrem (an seinen Bruder Quintus), 2. ad Atticum (an seinen Freund Atticus, der auch sein Verleger war), 3. ad familiares (an seine Freunde). Dieser Ausschnitt stammt aus einem Brief, den Cicero im Dezember 50 v. Chr. auf seiner Rückkehr aus seiner Provinz (Kilikien), die er als Prokonsul übernehmen musste, geschrieben hat. Es war die Zeit des Machtkampfes zwischen Caesar und Pompeius.

Ipsum tamen Pompeium sēparātim ad concordiam hortabor. Sic enim sentio maximo in periculo rem (publicam) esse. Vōs scīlicet plura (scitis), [qui in urbe estis]. Verum tamen haec video cum homine audacissimo paratissimoque negotium esse, omnes damnatos, omnes ignominiā adfectos, omnes damnatione ignominiāque dignos illāc facere, omnem fēre iuventutem, omnem illam urbanam ac perditam plebem.

Dennoch werde ich gerade¹ den Pompeius getrennt (von anderen) zur Eintracht ermahnen. Denn der Staat befindet sich, - so fühle ich² -, in höchster Gefahr. Ihr wisst freilich noch mehr, die ihr in der Stadt seid. Dennoch aber sehe ich dieses³, dass ich es zu tun habe mit einem sehr kühnen und wohl gerüsteten Menschen, dass alle Verurteilten, alle mit Schande besudelten, alle, die einer Verurteilung⁴ und Schande⁴ würdig sind, auf jener Seite stehen, fast die ganze Jugend, jenes ganze städtische und verdorbene Volk.	¹ ipse, a, um – *selbst gerade (dient meist zur Verstärkung)* ² sentio maximo in periculo rem publicam esse. die wichtige Info ist der Nebenvorgang (aci): Gib ihn als HS wieder und füge den HV als Parenthese (, -... -,) ein! → *Der Staat befindet sich - so fühle ich - in ...* ³ video haec → *folgende 2 aci* cum homine ... negotium esse omnes damnatos (attributiv !), omnes...facere ⁴ dignus + *abl. instr.*

1. – 2. siehe Kommentar
3. Z. 3 – 5 Anapher (5x omnes bzw. omnem)
4. Cicero schreibt dem Attikus, dass er ganz klar erkannt hat, mit welchem Gegner er und auch Pompeius es zu tun haben und dass er trotzdem Pompeius zur Eintracht ermahnen wolle.
5. Cicero befindet sich außerhalb Roms. Pompeius hat in Rom großen Einfluss und Macht gewonnen, Caesar steht in Gallien.
6. Nachdem Crassus im Partherkrieg 53. v. Chr. gefallen war, hatte sich Pompeius auf die Seite des Senats gestellt. Dieser ernannte ihn im Jahr 52 v. Chr. zum „consul sine collega" mit außerordentlichen Vollmachten, um die Unruhen in Rom niederzuschlagen (Bandenkämpfe zwischen Milo und Clodius).
7. Caesar überschritt damit den Grenzfluss zwischen der Provinz Gallia Cisalpina und Italien, ohne sein Heer vorher entlassen zu haben. Das bedeutete eine direkte Kriegserklärung gegen Rom („alea iacta est"). Nach römischem Recht war es den Statthaltern verboten, die Grenzen ihrer Provinz mit ihrem Heer zu überschreiten.
8. Es war ein Krieg zwischen Caesar und der Senatspartei, an deren Spitze Pompeius stand. Zunächst schlug Caesar die Truppen des Pompeius in Spanien, dann Pompeius selber in Griechenland (48 v. Chr. Niederlage bei Pharsalus). Bis 46 v. Chr. waren alle Senatstruppen ausgeschaltet, 45 v. Chr. ließ Caesar sich für 10 Jahre zum Diktator ernennen.

j) de re publica VI 13

„De re publica" entstand in den Jahren 54 – 52 v. Chr. Cicero hatte sich aus dem politischen Leben zurückgezogen und sich intensiv der schriftstellerischen Tätigkeit gewidmet - in dem Bewusstsein, auch in erzwungener Muße dem Staat durch seine Schriften dienen zu können.
Cicero lässt in diesem Werk den Scipionenkreis drei (fiktive) Tage über den Staat, den guten Staatsmann, die möglichen Verfassungen und über die Gerechtigkeit im Staat diskutieren. Im sechsten Buch erzählt er den Traum des Scipio Aemilianus, („Somnium Scipionis"), in dem sein Adoptivgroßvater Publius Cornelius Scipio Africanus ihm seine Zukunft voraussagt und erklärt, dass der wahre Lohn des Staatsmannes im Jenseits, in der Unsterblichkeit, zu finden sei.

Sed quō sis, Africane, alacrior ad tutandam rem publicam, sic habēto: omnibus, qui patriam conservaverint, adiuverint, auxerint, certum esse in caelo definitum locum, ubi beati aevo sempiterno fruantur; nihil est enim illi principi deō, qui omnem mundum regit, acceptius quam concilia coetūsque hominum iure sociati, quae 'civitates' appellantur; harum rectores et conservatores hinc profecti hūc revertuntur.

Aber, damit du, Africanus, umso[1] eifriger bist[2], den Staat zu beschützen[3], sollst du folgendermaßen wissen[4], dass allen, die das Vaterland bewahrt[5], es unterstützt[5] und vergrößert haben[5], im Himmel ein bestimmter Ort sicher ist, wo sie glücklich[6] ein ewiges Leben genießen können[7]; denn nichts ist jenem Fürstengott, der die ganze Welt regiert, angenehmer[9] als Versammlungen und durch das Recht verbundene Vereinigungen von Menschen, die wir Bürgerschaften nennen; deren Lenker und Bewahrer sind von dort[10] aufgebrochen und kehren dorthin[10] zurück.	[1] quo: abl. mensurae [2] quo sis: RS im Konj., finaler Sinn (= ut eo) [3] ad – bereit zum Schutz des St./ den Saat zu schützen attributiver Gebrauch des Gerundivums [4] habeto: Imperativ II, ~ scito → aci meist in Gesetzen (du sollst... ; vgl „Zehn Gebote"!) [5] Konj. im RS (hier):konsek. Nebensinn omnibus, qui (tales sunt, ut) conservaverint allen, die (so gut sind, dass sie) bewahrt haben [6] beati Prädikativum, kein Adverb!! [7] frui + abl! Konj.: Attractio modi [9] acceptius Nom. Sing. Neutr. des Komparativ (Subj: nihil), kein Adverb nach esse!! [10] Merke : von Demonstr.Pron. abgeleitete Ortsadverbien: hic (1. Pers.) → hinc; iste → istinc; ille (entf.Pers.) → illinc; woher?:(n+ c) inde, unde, von hier, von dort, von jener Stelle; wohin? – (dunkle Vokale) quō, eō, hūc, hierhin – istūc,illūc

1. – 4. siehe Kommentar

5. Z. 2: Asyndeton, Tricolon, Klimax und Homoioteleuton; Z. 2 Alliteration (certum – caelo); Z. 3 Pleonasmus (aevo sempiterno); Z. 4 (concilia coetusque)

6. Dem Africanus wird der Lohn für einen guten Staatsmann prophezeit – ein ewiges glückliches Leben nach dem Tod, da für den obersten Gott die Gemeinschaften der Menschen (Staaten) das Wichtigste darstellen.

7. Da Cicero sich sein Leben lang für den Staat eingesetzt hat – entweder im negotium (*vita activa*) durch politisches Handeln, oder im otium (*vita contemplativa*) durch seine schriftstellerische Arbeit, erfüllt er die Anforderungen, die der „princeps deus" an die Menschen stellt.

8. Ämterlaufbahn: Quästur (31 J.); Ädil (37 J.), Prätor (40 J.), Konsul (43 J.) Zensor (für 5 Jahre)

9. Cicero hat alle Ämter „suo anno" erreicht und war im Jahr 63 v. Chr. Konsul.

10. Als „homo novus" konnte Cicero sich nicht auf die Leistungen seiner Vorfahren berufen und musste sich deshalb aus eigener Kraft einen Namen machen. Cicero hat unter diesem „Makel" immer gelitten und seine persönlichen Leistungen immer wieder in seinen Reden herausgestellt.

132 Prüfungstexte

2. Sallust

a) de coniuratione Catilinae 51

> *In dieser Monographie schildert und analysiert Sallust die Verschwörung Catilinas im Jahre 63 v. Chr., die durch den Konsul Cicero aufgedeckt und niedergeschlagen wurde. Das Werk endet mit der Schlacht zwischen den Regierungstruppen und dem Heer der Verschwörer.*

Neque tamen exercitus populi Romani laetam aut incruentam victoriam adeptus erat; nam strenuissumus quisque aut occiderat in proelio aut graviter volneratus discesserat. Multi autem, [qui e castris visundi aut spoliandi gratia processerant], volventes hostilia cadavera amicum alii, pars hospitem aut cognatum reperiebant; fuere item, [qui inimicos suos cognoscerent]. Ita varie per omnem exercitum laetitia, maeror, luctus atque gaudia agitabantur.

Und dennoch hatte das Heer des römischen Volkes keinen frohen und unblutigen Sieg erlangt; denn gerade die Tüchtigsten[1] waren im Kampf gefallen oder schwer verwundet[2] davongekommen. Viele aber, die aus Neugierde oder Beutelust[3] aus dem Lager gekommen waren, fanden, während sie die Leichen der Gegner umdrehten, teils einen Freund, teils einen Gastfreund oder Blutsverwandten; es gab auch ebenso Leute, die ihre persönlichen Feinde erkannten[5]. So herrschte[6] im ganzen Heer auf verschiedene Weise Jubel und Betrübnis, Trauer und Freude.	[1] quis-que – *jeder (enklitisch nur nach best. Wörtern z. B. Superlative, Ordnungszahlen, Rel. Pronomina)* optimus quisque – *(jeder beste) gerade die Tüchtigsten*
	[2] volneratus = vulneratus, *prädikativ*
	[3] visundi...gratia (= videndi gratia) Gerundium abh. von gratia m. Gen. – *wegen*
	[4] multi, [qui processerant,] cadavera volventes reperiebant ↳ PC
	    amicum alii
	    pars hospitem aut cognatum reperiebant
	    Chiasmus, Inkonzinnität
	[5] *Konjunktiv: RS mit konsekutivem Nebensinn*
	[6] *Tempuswahl: Im Lat. Imperfekt: Zustand im Dt. auch Imperfekt*

1. – 2. siehe Kommentar
3. Z. 3 Inkonzinnität + Chiasmus + Klima (*multi* wird wieder aufgegriffen mit *alii...pars*); Z. 5 Archaismus (fuere , visundi); Z. 6 Chiasmus (laetitia, maeror, luctus atque gaudia)
6. Der Krieg ist auf beiden Seiten mit großen Verlusten beendet worden. Besonders schmerzlich war wohl, dass hier Bürger gegen Bürger gekämpft haben.
7. Es handelt sich um den Bürgerkrieg zwischen dem Heer des Catilina und den Regierungstruppen.
8. Catilina entstammte aus altem Adel, war sowohl körperlich als auch geistig stark, aber charakterlich völlig verdorben. Er hatte vor nichts und niemandem Achtung und war hoch verschuldet.
9. „Hostis" heißt Staatsfeind, damit verlor Catilina die Stellung eines Senators und v. a. die des römischen Bürgers (Bürgerrecht), wurde so angreifbar und vogelfrei.
10. Der Senat hatte den Ausnahmezustand erklärt und die Konsuln bemächtigt, alles zu unternehmen, um Schaden vom Staat abzuwenden: **Senatūs consultum ultimum** (SCU) „Videant consules, ne quid detrimenti res publica capiat!"

b) de bello Iugurthino 41

Sallust will in seinen Werken immer wieder deutlich machen, dass der moralische Verfall der Römer seit der Zerstörung Karthagos verantwortlich ist für Zwietracht und Bürgerkrieg – so auch in dem Werk „De bello Jugurthino", der den Krieg (111 – 105 v. Chr.) gegen den Numiderkönig Jugurtha zum Thema hat.

Ceterum mos partium et factionum ac deinde omnium malarum artium paucis ante annis Romae ortus est otio atque abundantia earum rerum, [quae prima mortales ducunt.] Nam ante Carthaginem deletam populus et senatus Romanus placide modesteque inter se rem publicam tractabant, neque gloriae neque dominationis certamen inter civis erat: metus hostilis in bonis artibus civitatem retinebat.

et dopp. Akk

| Im Übrigen ist die Unsitte der Parteien und Cliquen und dann aller schlechten Eigenschaften wenige Jahre vorher[1] in Rom[2] entstanden durch Müßiggang und den Überfluss an allen Dingen, die[3] die Menschen für das Beste halten. Denn vor der Zerstörung Karthagos[4] leiteten[5] das Volk und der römische Senat friedlich und besonnen[6] untereinander den Staat, unter den Bürgern (war) herrschte[5] weder ein Streit um Ruhm[7] noch um Herrschaft: die Furcht vor dem Feind[7] hielt den Staat in den guten Eigenschaften. | [1] *ante (hier als Adverb!) mit Abl. mensurae*
[2] *alter Lokativ*
[3] quae prima (esse) putant.
als Akk nur N.Pl — nur N.Pl — dopp.Akk / aci
Merke: *Ein Pronomen als Subj richtet sich im Genus und Numerus nach dem Prädikatsnomen.*
[4] *dominantes Partizip: die Bed. des Verbs ist größer als die des Substantivs, dieses ordnet sich ihm im Deutschen unter.*
[5] *Imperfekt → Zustand, Sitte; im Dt. auch Imperfekt*
[6] *Adverb! Die Handlung war besonnen!*
[7] *Gen. objectivus* |

1. – 4. siehe Kommentar
5. Autor: Sallust. Wortwahl: mortales → homines; metus hostilis → timor hostium; civis → cives, Abstraktum statt Konkretum: civitas → cives; Itensivum: tractare → trahere
6. Der Autor beklagt den moralischen Untergang der Stadt Rom und nennt als Wendepunkt die Zerstörung Karthagos.
7. Karthago wurde zerstört im 3. Punischen Krieg (146 v. Chr.) durch Scipio Africanus.
8. Die Expansionspolitik bewirkte: → langes Fernbleiben v. a. der Bauern von Zuhause → große Verschuldung und Aufgabe der heruntergekommenen Höfe, die von reichen Römern billig aufgekauft werden → Großgüter (Latifundien), die von Sklaven bewirtschaftet werden → Landflucht nach Rom → Massen arbeitsloser Tagelöhner („Proles")
9. a) **Optimaten** (konservative Bürger, die sich für die „Besten" hielten (optimi), die den Einfluss des Senats stärken und den der Volksversammlung schwächen wollten. Jede Neuerung erschien ihnen als Umsturz), b) **Popularen** (stützen sich auf die Volksversammlung, um v. a. der Not des städtischen Proletariats z.B. durch Ackergesetze abzuhelfen).
10. **Ackergesetze:** sie regelten die Vergabe des „ager publicus" an das besitz- und arbeitslose Proletariat bzw. an die Veteranen. Gleichzeitig sollte das Staatsland, das an die Großgrundbesitzer zu geringem Zins vergeben war, auf 500 Morgen reduziert werden.

134 Richtig oder falsch??

F. Richtig oder falsch??

Mit dieser Übung kann man die Kontrolle der eigenen (möglicherweise fehlerhaften) Übersetzung trainieren. In die deutsche Übersetzung wurden zu diesem Zweck einige Fehler eingebaut, die es aufzudecken gilt. Eine Musterkorrektur zur Überprüfung findet sich im Anschluss.

I. Aufgabentexte

1. *Cicero, in Catilinam I 5, 11*

Magna dis immortalibus habenda est atque huic ipsi Iovi Statori, antiquissimo custodi huius urbis, gratia, quod hanc tam taetram, tam horribilem tamque infestam rei publicae pestem totiens iam effugimus.	Großes ist den unsterblichen Göttern und diesem Iupiter Stator, dem ältesten Wächter dieser Stadt, zu halten, weil wir diese so grässliche, so schreckliche und so feindliche Pest dieser Stadt schon so oft vertreiben.
Non est saepius in uno homine summa salus periclitanda rei publicae.	Nicht ist öfter in einem Menschen die höchste Rettung eines Staates gewagt worden.
Quamdiu mihi consuli designato, Catilina, insidiatus es, non publico me praesidio, sed privata diligentia defendi.	Wie lange du mir als designiertem Konsul hinterhältig gewesen bist, Catilina, dass ich nicht durch öffentlichen Schutz, sondern mit privater Sorgfalt verteidigt werde.
Cum proximis comitiis consularibus me consulem in campo et competitores tuos interficere voluisti, compressi conatus tuos nefarios amicorum praesidio et copiis nullo tumultu publice concitato.	Mit den nächsten Konsulatswahlen hast du mich, den Konsul, auf dem Feld und deine Mitbewerber zu töten gewollt, du sollst deine ruchlosen Versuche eines Unterdrückten durch den Schutz und die Truppen deiner Freunde durch keinen öffentlichen Tumult aufwiegeln.

2. Cicero, de lege agraria I 22 – 26

Ego, patres conscripti, resistam vehementer atque acriter neque patiar homines ea me consule expromere, quae contra rem publicam iam diu cogitaverunt. Erravistis, Rulle, vehementer et tu et nonnulli collegae tui, qui speravistis vos contra consulem veritate, non ostentatione popularem posse in evertenda re publica populares existimari. Lacesso vos, in contionem voco, populo Romano disceptatore uti volo. Etenim, si circumspiciamus omnia, quae populo grata atque iucunda sunt, nihil tam populare quam pacem, quam concordiam, quam otium reperiemus. Sollicitam mihi civitatem suspicione, suspensam metu, perturbatam vestris legibus et contionibus tradidistis; spem improbis ostendistis, timorem bonis iniecistis, fidem de foro, dignitatem de re publica sustulistis. Sic me in hoc magistratu geram, patres conscripti, ut possim tribunum plebis rei publicae iratum coercere, mihi iratum contemnere.	Soll ich mich, versammelte Senatoren, heftig und kühn widersetzen und nicht erlauben, dass die Menschen von diesem meinem Konsulat herausholen, was sie gegen den Staat schon lange denken. Du irrst, Rulle, heftig und du und einige Kollegen, die gehofft haben, dass ihr gegen den Konsul durch Wahrheit, nicht durch Zeigen beim Umsturz des Staates Volksfreunde zu sein glaubt. Ich reize euch, rufe euch in die Versammlung, ich will das römische Volk als Schiedsrichter gebrauchen. Denn, wenn wir alles ringsum verachten, was dem römischen Volk willkommen und angenehm ist, lasst uns nichts so volksfreundliches als Frieden, als Eintracht, als Muße finden. Ich werde für mich die Bürgerschaft beunruhigen durch Verdächtigung, ich werde sie durch Furcht vernichten, ich werde sie mit euren Gesetzen und überlieferten Volksversammlungen verwirren; ihr habt die Hoffnung nach Benennung der Schlechten, Furcht nach Einwurf der Guten, Treue vom Forum und Würde vom Staat weggenommen. So werde ich mich in diesem Amt verhalten, versammelte Senatoren, dass ich den Volkstribunen des Staates zornig zügeln, auf mich zornig verachten kann.

136   Richtig oder falsch??

II.   Lösungen

1.   Cicero, in Catilinam I 5, 11
a)   Fehlerkennzeichnung

Lateinischer Text	Deutsche Übersetzung	Fehler
Magna dis immortalibus habenda est atque huic ipsi Iovi Statori, antiquissimo custodi huius urbis, gratia, [quod hanc tam taetram, tam horribilem tamque infestam rei publicae pestem totiens iam effūgimus]. Non est saepius (in) uno homine) summa salus periclitanda rei publicae. [Quamdiu mihi consuli designato, Catilina, insidiatus es], non publico me praesidio, sed privata diligentia defendi. [Cum proximis comitiis consularibus me consulem (in) campo) et competitores tuos interficere voluisti], compressi conatūs tuos nefariōs amicorum praesidio et copiis nullo tumultu publice concitato.	Großes ist den unsterblichen Göttern und diesem Iupiter Stator, dem ältesten Wächter dieser Stadt, zu halten, weil wir diese so grässliche, so schreckliche und so feindliche Pest dieser Stadt schon so oft vertreiben. Nicht ist öfter in einem Menschen die höchste Rettung eines Staates gewagt worden. Wie lange du mir als designiertem Konsul hinterhältig gewesen bist, Catilina, dass ich nicht durch öffentlichen Schutz, sondern mit privater Sorgfalt verteidigt werde. Mit den nächsten Konsulatswahlen hast du mich, den Konsul, auf dem Feld und deine Mitbewerber zu töten gewollt, du sollst deine ruchlosen Versuche eines Unterdrückten durch den Schutz und die Truppen deiner Freunde durch keinen öffentlichen Tumult aufwiegeln.	Gr V V — Wb Gr Tv T — Wb Tv K + Sb — A + K Tv Sb / Gr — A Sb + K Gr / Bez Tv Gr —

Fehlerzeichen:					
A	Ausdruck	Gr	Grammatik	Tv	Textverständnis
Bez	Beziehungsfehler	K	Konstruktion	Vok	Vokabel
F	Formfehler	N	Numerus	Wb	Wortbedeutung
Fu	Funktion (Vertauschung: attributiv ↔ prädikativ)	Sb	Satzbau		Auslassung
		T	Tempus		

Richtig oder falsch?? 137

b) Musterübersetzung und Kommentar

Großer Dank[1] muss den unsterblichen Göttern[2] und diesem Iupiter Stator, dem ältesten Wächter dieser Stadt, abgestattet werden[1], weil wir dieser so grässlichen, so schrecklichen und für den Saat[3] so feindlichen Pest schon so oft entkommen sind[4]. Nicht darf[5] öfter das höchste Wohl des Staates in einem Menschen aufs Spiel[5] gesetzt werden. Solange du mir als designiertem Konsul nachgestellt hast[6], Catilina, habe ich mich nicht durch öffentliche Schutzmittel, sondern mit privater Sorgfalt verteidigt[7]. Als[8] du bei den letzten Konsulatswahlen[9] mich, den Konsul, und deine Mitbewerber auf dem Marsfeld töten wolltest, habe[10] ich deine ruchlosen Versuche[11] mit dem Schutz und den Truppen (meiner) Freunde[12] unterdrückt, ohne dass[13] öffentlich[14] (in der Öffentlichkeit) Aufsehen (ein Tumult) erregt wurde.	[1] Magna ... gratia habenda est – *Gerundiv.* + *esse*; (attributiv gebraucht) [2] dis immmortalibus – *Dat commodi* Beachte : Magna – gratia *in extremer Sperrstellung (Hyperbaton);* [3] rei publicae: *hier:* <u>nicht</u> *Gen-Attribut, sondern Dat incommodi zu* infestem [4] effugere + Akk – *entkommen* (*hier:* eff**ū**gmus *Dehnungs-Perfekt !*) (<u>nicht</u>: fugare !) [5] summa salus periclitanda est: *Gerundiv* + *esse* (*bei Negation: nicht dürfen*) periclitari *hier: aufs Spiel setzen* [6] insidiari: *auflauern, nachstellen (Deponens !)* [7] *HS:* non ...defendi; (defendi: *1.P Perf I A*) me: *Obj. zu* defendere (**KEIN aci** (me..defendi)) [8] cum: *nicht Präposition, sondern Subjunktion: als* [9] proximis comitiis consularibus – *Abl. temporis* [10] compressi: *1P Sing, Perf I A = Prädikat ich habe unterdrückt;* [11] conatūs tuos nefariōs – *Akk Obj* **Merke:** *Einige Subsantive der u-Dekl. sind vom PPP-Stamm eines Verbs abgeleitet und geben das Produkt des Verbs an.* [12] amicorum: *Genitiv-Attribut zu* praesidio [13] nullo ... concitato – *verneinter abl. abs.* (*kein Tumult ist erregt worden – ohne dass...*) (*con-citato kann der Form nach auch Imerat..II sein.*) [14] publice – *Adverb!*

138   Richtig oder falsch??
2.   *Cicero, de lege agraria I 22 – 26*
a)   Fehlerkennzeichnung

Ego, patres conscripti, resistam vehementer atque acriter neque patiar homines ea me consule expromere, [quae contra rem publicam iam diu cogitaverunt].	Soll ich mich, versammelte Senatoren, heftig und kühn widersetzen und nicht erlauben, dass die Menschen von diesem meinem Konsulat herausholen, was sie gegen den Staat schon lange denken.	Gr Tr – Gr/Vok/Vst +
Erravistis, Rulle, vehementer et tu et nonnulli collegae tui, [qui speravistis vos contra consulem veritate, non ostentatione popularem posse in evertenda re publica populares existimari.]	Du irrst, Rulle, heftig und du und einige Kollegen, die gehofft haben, dass ihr gegen den Konsul durch Wahrheit, nicht durch Zeigen beim Umsturz des Staates Volksfreunde zu sein glaubt.	T – F – R – V – F – K Bez + V – Wb F / – V
Lacesso vos, in contionem voco, populo Romano disceptatore uti volo.	Ich reize euch, rufe euch in die Versammlung, ich will das römische Volk als Schiedsrichter gebrauchen.	
Etenim, [si circumspiciamus omnia, (quae populo grata atque iucunda sunt)] nihil tam populare quam pacem, quam concordiam, quam otium reperiemus.	Denn, wenn wir alles ringsum verachten, was dem römischen Volk willkommen und angenehm ist, lasst uns nichts so volksfreundliches als Frieden, als Eintracht, als Muße finden	Vok – F Tr /
Sollicitam mihi civitatem suspicione, suspensam metu, perturbatam vestris legibus et contionibus tradidistis; spem improbis ostendistis, timorem bonis iniecistis, fidem de foro, dignitatem de re publica sustulistis.	Ich werde für mich die Bürgerschaft beunruhigen durch Verdächtigung, ich werde sie durch Furcht vernichten, ich werde sie mit euren Gesetzen und überlieferten Volksversammlungen verwirren; ihr habt die Hoffnung nach Benennung der Schlechten, Furcht nach Einwurf der Guten, Treue vom Forum und Würde vom Staat weggenommen.	F K + Tr Vok – K + F K + K (s.v.) Wb
Sic me in hoc magistratu geram, patres conscripti, [ut possim tribunum plebis rei publicae iratum coercere, mihi iratum contemnere].	So werde ich mich in diesem Amt verhalten, versammelte Senatoren, dass ich den Volkstribunen des Staates zornig zügeln, auf mich zornig verachten kann.	/ Gr / Gr Bez Gr (s.v.)

Richtig oder falsch??

b) Musterübersetzung und Kommentar

Ich werde (will)[1] mich, versammelte Senatoren, heftig[2] und leidenschaftlich widersetzen und nicht erlauben, dass Menschen das[3] unter meinem Konsulat[4] an den Tag bringen (hervorholen), was sie schon lange gegen den Staat ersonnen haben[5]. Ihr habt euch gewaltig geirrt, Rullus, sowohl[6] du als auch deine Kollegen, die ihr gehofft habt[7], dass[8] ihr gegen einen Konsul[9], der in Wahrheit[10] und nicht zum Schein (auf Grund des Scheins) ein Volksfreund ist (ergänzt), beim Zugrunderichten des Staates[11] für Volksfreunde gehalten werden könnt. Ich fordere euch heraus, ich rufe euch in die Volksversammlung, will[12] das römische Volk zum Schiedsrichter nehmen[13]. Denn wenn wir ringsherum nach allem schauen[14], was[15] dem Volk willkommen und angenehm ist, werden wir nichts[16] so[17] Volkstümliches finden[18] wie den Frieden, wie Eintracht, wie allgemeine Ruhe[18]. Ihr habt mir einen Staat (Bürgerschaft) übergeben[19], der von Argwohn erregt[20], von Furcht aufgebracht[20], von euren Gesetzen und Versammlungen völlig verstört ist[20]. Ihr habt den Bösen (Gewissenlosen) Hoffnung erweckt[21] (gezeigt), den Guten Furcht eingeflößt[21], die Glaubwürdigkeit[22] habt ihr vom Forum, die Würde vom Staat genommen[21]. So werde ich mich in diesem Amt verhalten, versammelte Senatoren, dass[23] ich einen Volkstribunen, wenn er gegen den Staat[24] wütet[25] (dem Staat zürnt), zügeln, wenn er gegen mich wütet, verachten kann.	[1] resistam: Konj.Präs. oder Futur? Cicero zeigt in seinen Reden meist keine Unsicherheit, (Dubitativus), sondern verspricht, wie er sich verhalten wird (also: *Futur!*) [2] acriter: Adv. zu acris, is, e *scharf* [3] ea: Neutr.P., Akk Obj. *(aufgegriffen durch quae)* zu expromere [4] me consule abl.abs. *(nominaler Ablativ)* [5] cogitaverunt: Perf. Rullus *(Vokativ auf e)* [6] et...et – *sowohl .... als auch,* [7] speravistis: 2.P.Pl [8] aci: vos......populares existimari posse [9] **co**ntra **co**nsulem ..popularem *(Alliteration)* [10] veritate .. ostentatione *(Abl.causae)* [11] Gerundiv-Konstruktion *(attributiv gebraucht)* [12] Trikolon, dabei wird das 3. Glied besonders herausgestellt. [13] uti *mit Abl.instr.* [14] circumspici-**a**-mus *(Konj.Präs.)* omnia *(Akk. obj.)* Potentialer Bedingungssatz [15] quae Akk.Pl.Neutr. *(im.Dt. immer als Sing. übersetzt)* [16] ab nihil *beginnt der HS;* [17] tam ... quam: *so ... wie* [18] reperi-**e**-mus: *wir werden finden (Fut); nicht:* reperi-**a**-mus *(Konj.Präsens)* [18] Trikolon [19] tradid-istis *(kein PPP!)* 2.Pl.Perf.Ind.Akt [20] sollicitam, suspensam, perturbatam: *(PPP, Akk.Sing.Fem).* PC– attributiv suspensam: *aufgebracht* [21] ostendistis, iniecistis, sustulistis 2.Pl.Perf. Ind.Akt [22] fides: *Glaubwürdigkeit* [23] Konsekutivsatz [24] rei publicae *(auch* mihi*)* Dat.Obj. zu iratum [25] iratum *auf* tribunum *bezogen*

ET CETERA!

von **Christine Kaßner**

120 S.; 16,0 x 23,0 cm; Paperback
1. Auflage 2008; 13,95 EUR

ISBN: 978-3-937446-15-8

erschienen beim F. S. Friedrich Verlag
www.fsf-verlag.de

ET CETERA! enthält das Basiswissen, das zum Verständnis lateinischer Originallektüre unumgänglich ist. In konzentrierter Form bietet es Grund- und Leistungskursen an den Schulen, wie auch den Universitäts- und Intensivkursen eine wesentliche Hilfe zur Vorbereitung auf das Latinum.

Lernkarten ermöglichen ein schnelles Erfassen und Wiederholen, Exkurse vermitteln wichtige Hintergrundinformationen und ein differenziertes Inhaltsverzeichnis ermöglicht ein schnelles Auffinden der einzelnen Themen.

Nachgefragt!

von **Christine Kaßner** und **Rolf-Peter Kaßner**

Broschiert: 80 Seiten, 20,6 x 15 x 0,6 cm
Verlag: Books on Demand;
1. Auflage 2008; 8,95 EUR

ISBN: 978-3-837079-44-9

Ein erfolgreiches Latinum erfordert nicht nur Grammatikwissen und sichere Übersetzungstechnik, in der mündlichen Prüfung kommt es vor allem auch auf ein breites Hintergrundwissen an!

Nachgefragt! vermittelt in Frage und Antwort fundierte Kenntnisse zur römischen Geschichte, Politik, Recht, Religion und Philosophie und ist insbesondere auf Studierende zugeschnitten, die während des Studiums das Latinum erwerben müssen.

Nachgefragt! bietet:
- 215 gesammelte Prüfungsfragen aus realen Prüfungen
- themenbezogen zusammengestellt
- mit Musterlösungen versehen
- in einem bewährten Lernsystem zur Selbstkontrolle

Beide Bücher auch zu beziehen über
buecher@fundamentum-latinum.de